Brigitte Regitz

Der alte Schuppen und andere Geschichten

Impressum

1. Auflage 2022

Ursula-Trabalski-Str. 40, 40625 Düsseldorf

Coverzeichnung: Nanda Naumann

Satz: Constanze Kramer, coverboutique.de

Herstellung und Verlag:
Bookmundo Direct

ISBN 978-9-40365-940-4

Inhalt

Probefahrt

D*ie Bahn macht mobil. Alles vollautomatisch.* Angelockt von dieser Werbung war Erwin zum Bahnhof gegangen, um sich genau zu informieren. Am Bahnhofseingang wurden Postkarten für eine Verlosung verteilt. Die Gewinner sollten an einer kostenlosen Probefahrt teilnehmen. Es handelte sich um einen vollautomatisierten Zug, versprachen die Postkarten. Das hörte sich spannend an, auch ein bisschen unheimlich, aber Erwin war neugierig und so warf er seine Verlosungskarte in die Sammeltonne.

Eine Woche später fand er einen roten Briefumschlag in seiner Post. Er hatte bei der Verlosung der Bahn die Teilnahme an einer Probefahrt gewonnen und sollte sich zwei Wochen später um acht Uhr auf Bahnsteig zehn am Bahnhof einfinden.

In den folgenden zwei Wochen war er kribbelig wie ein kleines Kind, das auf seinen Geburtstag wartet, und dann endlich kam das Wochenende, an dem die Probefahrt stattfinden sollte. Erwin stand in aller Herrgottsfrühe auf, damit er ja nicht zu spät zum Bahnhof kam. Und dann war er nicht einmal der Erste. Da standen mindestens zwanzig Andere, die vor ihm gekommen waren. Zehn Minuten vor acht sagte eine Lautsprecherstimme: »Der Zug zur Probefahrt fährt jetzt auf Gleis zehn ein. Bitte treten Sie zurück. Die Türen öffnen und schließen vollautomatisch. Die Bahn wünscht Ihnen eine vergnügliche Reise.«

Ein roter Zug fuhr langsam ein, kam zum Stillstand, die Türen schoben sich fast lautlos auf, die Wartenden von Bahnsteig zehn stiegen ein und da erlebten sie ihre erste Überraschung. An jeder Tür stand ein Roboter, der die Fahrkarten kontrollierte. So war gewährleistet, dass die Probefahrer alle einen Sitzplatz hatten. Ein durch blinde Passagiere überfüllter Zug sollte hier nicht abfahren.

Erwin sah sich im Inneren des Wagens um. Es war ein Großraumwagen. Darüber war er erfreut. Er mochte das Gefühl, viel Raum um sich herum zu haben. Die Sitzpolsterung war rot-beige und wirkte angenehm frisch. Er nahm auf einem Sitz am Fenster Platz. Kaum hatte er sich gesetzt, begann der Sitz zu sprechen: »Herzlich willkommen auf Platz elf B. Wenn Sie die Rückenlehne verstellen möchten, drücken Sie bitte die grüne Taste auf der rechten Sitzlehne.«

Erwin probierte die Sitzverstellung aus. Inzwischen hatten sich andere Reisende gesetzt und es herrschte ein reges Sitz-Geschnattere im Wagen. »Das wird man wohl noch ändern müssen«, dachte Erwin. »Sprechende Sitze mögen ja gut gemeint sein, nur wenn dreißig Sitze gleichzeitig sprechen, dann wird's laut, zu laut und immer wieder den einen Satz zu hören, wird wohl auf die Dauer auch nerven.«

»Wir beginnen jetzt unsere Probefahrt«, hörte Erwin aus dem Lautsprecher im Inneren des Wagens. Dann erschien ein Roboter und verteilte Kopfhörer, die in die Armlehnen gesteckt werden konnten. »Damit empfangen Sie unser Radioprogramm«, sagte er und fragte: »Wann möchten Sie im Bordrestaurant essen?«

Erwin überlegte kurz und schlug dann genau zwölf Uhr vor. Der Roboter tippte etwas in die Tastatur auf seinem linken Handrücken ein, wartete einen Moment. Dann leuchtete ein Display oberhalb dieser Tastatur auf, und er sagte zu Erwin: »Sie sitzen an Tisch drei. Bitte seien sie pünktlich. Auf Wiedersehen.«

Erwin wollte etwas erwidern, da war der Roboter schon mit dem nächsten Reisenden beschäftigt. Kurz darauf kam ein zweiter Roboter und verteilte Imbisse und Getränke. Er zeigte den Reisenden auch, wie sie einen kleinen Tisch, der in die Armlehne integriert war, ausklappen konnten. Erwin hatte sich ein Vollkornbrot mit Käse, einen Becher Tee und einen Erdbeerjoghurt ausgesucht und genoss dieses zweite Frühstück. Besonders gefallen hatte ihm der Satz: »Das ist alles umsonst«, mit dem der Roboter serviert hatte.

Eine Weile schaute sich Erwin die vorbeiziehende Landschaft an, dann nahm er den Krimi, den er sich eingesteckt hatte und begann zu lesen. Gegen elf fielen ihm die Augen zu, kurz vor zwölf wurde er aber wieder wach. Ein Vibrieren des Sitzes hatte ihn geweckt und so erschien er pünktlich im Restaurantwagen, wo ihn ein Roboter zu seinem Platz führte und bemerkte: »Es ist alles umsonst«.

Zu seiner Überraschung bekam er keine übliche Speisekarte, sondern eine Art elektronisches Bilderbuch. Hierin waren die angebotenen Speisen abgebildet, und auch die Getränke. Erwin musste antippen, was er haben wollte und schließlich bestätigen, dass seine Bestellung abgeschlossen war. Sofort darauf kam der Roboter, legte passendes Besteck auf und servierte den Wein, den Erwin ausgesucht hatte. Dann brachte er die dampfenden Nudeln mit Steinpilzen. Sie waren ein Gedicht! Erwin kam sich vor wie im Schlaraffenland.

Nach dem Essen begab er sich wieder zu seinem Platz und lehnte sich genüsslich zurück, schloss die Augen, hörte dem leisen Fahrgeräusch des Zuges zu. Nach einer Weile fühlte er sich erfrischt und richtete sich wieder auf. Gerade durchfuhren sie einen Bahnhof.

»Wir halten ja gar nicht«, durchzuckte es ihn. »Haben wir überhaupt schon einmal angehalten? Es sind ja noch so viele Sitzplätze frei. Wir müssten doch auf jeden Fall noch weitere Reisende mitnehmen.«

Nun begann Erwin, nervös aus dem Fenster zu starren. Er wartete auf den nächsten Bahnhof. Den durchfuhr der Zug zwanzig Minuten später. Er schaute angestrengt nach draußen. Da standen Menschen auf dem Bahnsteig, die erstaunte Gesichter machten. Sie hielten rote Fahrkarten in den Händen, schienen einsteigen zu wollen.

Erwin beschlich das Gefühl, dass hier etwas nicht stimmte. Er sah sich im Zug um. Ob andere Reisende dasselbe Gefühl hatten wie er?

Eine Frau sah verträumt aus dem Fenster. Sie wirkte vollkommen ausgeglichen. Zahlreiche Reisende waren damit beschäftigt zu lesen, einer schlief und schnarchte leise, die Kopfhörer in den Ohren. Außer ihm schien niemand beunruhigt zu sein. Ob er jemanden ansprechen sollte? Aber er wollte sich auch nicht blamieren und ausgelacht werden. Vielleicht sollte er erst einmal die Lage sondieren. Er stand auf und ging in Fahrtrichtung durch das Abteil. Die Tür zum Gang, der zum nächsten Wagen führte, öffnete sich automatisch.

Dort stand ein Roboter. »Gute Reise«, sagte er »gute Reise, gute Reise, gute Reise …«

Erwin sah ihn irritiert an. Da entdeckte er in Höhe der rechten Schulter ein Display, das fast ganz rot aussah. Darunter stand Ladezustand.

»Bei dem Roboter scheinen die Akkus leer zu sein«, dachte Erwin und ging weiter durch den nächsten Wagen. Wieder kam er in einen Gang. Wieder stand hier ein Roboter. »Alles umsonst«, sagte der, »alles umsonst, alles umsonst, alles umsonst …« Auch hier zeigte der Ladezustand rot. Erwin bekam ein mulmiges Gefühl in der Magengegend.

Er ging durch den nächsten Wagen. Seiner Erinnerung nach musste das der Wagen sein, vor dem die Lok war. Er hatte sich nicht getäuscht. Vor der Tür zur Kabine des Lokführers stand ein weiterer Roboter. Dessen Ladezustand leuchtete aber grün.

»Wo wollen Sie hin, mein Herr?« fragte er.

»Zum Lokführer« erwiderte Erwin.

»Wer schickt Sie?«

»An dem komme ich nicht so leicht vorbei«, dachte Erwin. »Hoffentlich kann ich ihn überlisten.«

Dann antwortet er: »Die Bahn.«

»Worum handelt es sich?«

» Es handelt sich um eine Geheimsache.«

»Das reicht nicht. Für eine Geheimsache brauche ich einen Passiercode«, bekam er da zu hören. »Haben Sie einen Passiercode?«

»Ja«, sagte Erwin spontan.

»Wie lautet der Passiercode?«

Erwin zögerte. Der Roboter wiederholte seine Frage. »Wie lautet der Passiercode?«

Erwin wusste, er musste nun etwas sagen.

»Die Bahn macht mobil.«

»Das ist der richtige Passiercode«, sagte der Roboter zu Erwins Überraschung und trat zur Seite. Dann drückte er einen Knopf auf seiner Uniform und die Tür zum Lokführer öffnete sich. Erwin schlüpfte schnell hinein. Lautlos schloss sich die Tür hinter ihm.

Er räusperte sich, berührte den Lockführer an der Schulter und sagte: »Entschuldigen Sie«.

»Bitte einsteigen, bitte einsteigen, bitte einsteigen ...«, war die Antwort.

Erwin erstarrte. Auch der Lokführer war ein Roboter. Panik ergriff ihn. Irgendetwas musste er tun, aber was?

Eine Weile stand er regungslos da und sah nach draußen, wo die Lok die Schienen aufzufressen schien. Dann hatte er eine Idee. Er musste anrufen bei der

Bahn. Es musste einen Aufsichts-Mitarbeiter geben. Er sah sich um. Nirgendwo war ein Telefon zu entdecken. Aber er hatte ja ein Handy. Er tastete danach in seiner Hemdentasche. Da war es. Er stellte es an, gab seine PIN-Nummer ein. Dann erschien auf dem Display *Netzsuche*. Erwin wartete. Es blieb dabei, sein Handy fand kein Netz. Er konnte nicht telefonieren.

Er trat an das Steuerpult heran und sah, dass es nicht beschriftet war. Verzweiflung schnürte ihm den Hals zu. Er sah sich noch einmal in der Kabine um. Nein, eine Notbremse war nicht zu sehen. Dann sah er wieder auf das Steuerpult. Da war eine rote Taste. Zögernd näherte er sich dieser Taste mit dem ausgestreckten Zeigefinder seiner rechten Hand.

Dann, schnell, drückte er die Taste, aber nichts geschah. Er hörte lediglich ein leises Zischen. Woher mochte das kommen? An beiden Seiten der Kabine sah er etwa zehn Quadratzentimeter große durchlöcherte Felder. Daher kam das Zischen. Er ging näher herran an eines dieser Lochfelder. Es strömte warme Luft heraus.

»Dann habe ich mit der roten Taste wohl die Heizung angeworfen«, dachte Erwin.

Er beugte sich erneut über das Steuerpult. Im selben Moment merkte er, dass der Zug wieder einen Bahnhof passierte. Auch hier sah er Menschen, die rote Fahrscheine in den Händen hielten und erstaunte Gesichter machten. Er wollte ihnen ein Zeichen geben, da war der Zug aber schon wieder aus dem Bahnhof herausgefahren. Erwin wandte sich wieder dem Steuerpult zu. Er suchte eine Hilfe-Taste, wie er sie von seinem PC kannte, fand aber keine.

»Eigentlich logisch«, dachte er. »Es ist ja kaum anzunehmen, dass ein Roboter lesen und reagieren kann, wie es ein Mensch täte.«

Da war ein Joystick. Erwin griff danach, bewegte ihn nach links und – der Zug wurde langsamer.

»Es funktioniert, es funktioniert«, frohlockte Erwin innerlich. »Ich habe herausgefunden, wie ich den Zug anhalten kann.«

Er starrte angestrengt nach draußen. Er wollte sein Bremsmanöver rechtzeitig vor der Einfahrt in den nächsten Bahnhof beginnen.

Schließlich sah er ein Schild *Bf Zufall Spitze 1000 m.*

»Merkwürdige Ortsbezeichnung«, dachte Erwin und bewegte den Joystick weiter nach links. Der Zug machte eine Kurve, dann fuhr er in einen kleinen Bahnhof ein. Erwin riss den Joystick nach links und der Zug hielt mit einem quietschenden Geräusch an einem Bahnsteig an. Der war menschenleer, wie alle anderen Bahnsteige.

»Gespenstisch. Weshalb ist hier niemand zu sehen? Ist der Bahnhof geräumt worden? Droht hier irgendeine Gefahr?« fragte sich Erwin. Sein Herz schlug bis in den Hals. Angst überkam ihn.

Die Tür der Lokführerkabine öffnete sich. Davor stand der Roboter und sagte: »Sie können jetzt den Zug verlassen. Ich bringe Sie zum Ausstieg.«

Erwin folgte ihm. Mit einem Ruck öffnete sich die Tür und der Roboter ging zur Seite. Erwin stieg aus, trat auf den geriffelten Bahnsteigrand, hielt einen Moment inne, lief dann los.

Seine Schritte hallten auf dem grauen Steinboden. Er sah hinter sich. Keiner der Mitreisenden folgte ihm. Die anderen Zugtüren hatten sich nicht geöffnet. Erwin spürte Druck auf seinen Magen. »Ganz ruhig, nur keine Panik«, versuchte er sich zu beruhigen.

Er kam an eine Rolltreppe nach unten, die sich ruckartig mit einem metallisch klingenden Geräusch in Bewegung setzte. Erwin sprang die Stufen hinunter. Das ging schneller. Er kam in die Bahnhofshalle. Sie war unbeleuchtet. Die Geschäfte waren geschlossen. Auch hier war kein Mensch zu sehen. Von weitem erkannte Erwin bereits, dass der Bahnhofsvorplatz unbelebt war.

Er lief auf die Schwingtüren zu, streckte den Arm nach einem Türgriff aus. Die Türen nach draußen ließen sich öffnen, stellte er erleichtert fest. Erwin trat aus dem Bahnhof, blieb stehen, atmete durch. Nun sah er die rotweißen Absperrbänder um den Platz herum. Dahinter stand eine Menschenansammlung. Stimmengemurmel war zu hören. Erwin lief über den Platz, kroch unter dem rotweißen Band durch und kam neben einem Polizisten hoch. Noch bevor er sich wieder ganz aufgerichtet hatte, fragte er: »Was ist denn hier los?«

»Es sind ein paar Roboter vom Versuchsgelände der Bahn außer Kontrolle geraten«, gab der Uniformierte zur Antwort. »Außer Kontrolle geraten, außer Kontrolle geraten, außer Kontrolle …«

Die Erbschaft

»Suchen Sie meinen Neffen Alfred. Er ist mein einziger Erbe.« Notar Norbert Ganterbein saß am Schreibtisch und las den Satz immer wieder. Sein Auftraggeber, Karl Runkel, war vor einer Woche verstorben. Wie bei Hinterlegung des Testaments verabredet, hatte der Notar den versiegelten Umschlag geöffnet und einen handschriftlichen Brief entnommen. Hierin schrieb der Verstorbene, sein Neffe sei fünfzehn Jahre zuvor verdächtigt worden, an einem Banküberfall beteiligt gewesen zu sein, bei dem eine junge Frau ums Leben gekommen war. Beweise fehlten, aber es gab eine schlüssige Indizienkette. Alfred nutzte damals einen Vernehmungstermin zur Flucht und tauchte unter. Die Ermittlungsbehörden konnten ihn nie ausfindig machen. Dem Verstorbenen hatte er drei Jahre nach seinem Verschwinden geschrieben, dass er mit dem Bankraub nichts zu tun habe. Der Brief war in São Paulo aufgegeben worden.

Norbert Ganterbein griff zum Telefonhörer und beauftragte seinen Detektiv, nach Brasilien zu fliegen und Alfred Runkel zu suchen. Die Tage verstrichen ohne Ergebnis. Der Notar wurde nervös. Sollte der Neffe nicht gefunden werden, würde das große Vermögen an das Finanzamt fallen. Bei dieser Vorstellung wurde ihm übel.

Nach mehr als drei Wochen meldete sich der Detektiv mit der Nachricht, den Gesuchten gefunden zu haben. Ganterbein machte sich Notizen, gab seinem Mitarbeiter Anweisung zurückzukommen, beauftragte ein Reisebüro mit der Buchung eines Fluges und eines Hotelzimmers für sich in São Paulo und war zwei Tage später dorthin unterwegs.

Diese riesige Stadt, das Kraftzentrum Brasiliens, verursachte ihm Beklemmungen. Wolkenkratzer, wohin das Auge schaute. Das Taxi brauchte fast drei Stunden vom Flughafen, bis es vor dem Hotel vorfuhr. Der Notar zahlte, ließ sich eine Quittung geben, stieg aus, trat durch die Drehtür in ein mit rotem Samt ausgestattetes Foyer. Die Sesselgruppen wirkten einladend und die weichen Teppiche dämpften angenehm die Geräuschkulisse. Der Portier sprach fließend Englisch und konnte sogar ein paar Brocken Deutsch. Ganterbein war zufrieden.

Am nächsten Morgen verließ der Notar nach dem Frühstück das Hotel. Er winkte sich ein Taxi heran und gab dem Fahrer einen Zettel mit der Anschrift, unter der der gesuchte Neffe wohnen sollte. Dann fuhren sie fast zwei Stunden, bis der Wagen vor einem gepflegten achtstöckigen Wohnhaus hielt. Ganterbein gab dem Taxifahrer zu verstehen, dass er warten sollte, stieg aus, ging auf das Gebäude zu, drückte gegen die Eingangstür. Sie öffnete sich, sodass er eintreten konnte, ohne klingeln zu müssen. Sein Blick fiel auf die Briefkästen. Er suchte den Namen Alfredo Ruebo, wie sich Runkels Neffe hier nannte. Als er ihn sah, holte er einen braunen Briefumschlag aus seinem Jackett und warf ihn ein. Dann wandte er sich um und ging zurück zu seinem Taxi.

In dem Kuvert befand sich ein Schreiben, mit dem sich der Notar vorstellte und mitteilte, wo er in São Paulo zu erreichen war. Hinzugefügt hatte er Kopien seines Personalausweises und des Vermächtnisses von Karl Runkel. Zurück im Hotel wartete er dann mit Spannung auf einen Anruf. Endlich! Am frühen Nachmittag klingelte das Telefon in seinem Zimmer. Der Erbe meldete sich mit seinem richtigen Namen und schlug ein Treffen in der Nähe seiner Wohnung vor. Dort gab es einen kleinen Park. Ganterbein sollte sich auf eine der Bänke setzen und als Erkennungszeichen eine Postkarte neben sich legen. Die beiden Männer verabredeten sich für den nächsten Tag gegen elf Uhr.

Der Notar nahm den Taxifahrer vom Vortag, als er den wieder vor dem Hotel stehen sah. An dem Park stieg er aus, zahlte und bat den Chauffeur, zwei Stunden später zurückzukommen. Mit einem breiten »Okay« brauste der Mann davon.

Kaum saß Ganterbein auf einer der Parkbänke und hatte die Postkarte neben sich gelegt, erschien ein dunkelhaariger, braun gebrannter, schlanker Mann, setzte sich zu ihm und fragte: »Sind Sie der Herr aus Deutschland?«

»Ja«, rief der Notar erfreut und fuhr fort: »Und Sie sind Alfred Runkel?«

»Genau.«

»Gut. Dann unterbreite ich Ihnen jetzt meinen Vorschlag zur Abwicklung der Erbschaft, die sich insgesamt auf drei Millionen Euro beläuft, angelegt in Festgeldern, Aktien und Sparzertifikaten. Darüber hinaus gibt es noch vier Immobilien sowie das übliche Mobiliar samt Hausrat und zwei Fahrzeuge …«

Ganterbein senkte seine Stimme, denn er kam nun zum wichtigsten Teil seiner Mitteilung. Die bestand darin, dass er fünfzig Prozent der Erbschaft beanspruchte. Dafür würde er sicherstellen, dass niemand vom Aufenthaltsort Alfred Runkels erfahren würde.

Der Erbe ließ sich bei dieser Erklärung keine Gefühlsregung anmerken. Er nickte und sagte dann: »Ich brauche Bedenkzeit. Die ganze Sache ist überhaupt sehr überraschend für mich.«

»Selbstverständlich«, rief der Notar eilfertig. »Ich wollte sowieso ein paar Ausflüge machen, wenn ich schon einmal hier bin. Morgen reise ich zu den Wasserfällen des Iguaçu und werde erst in fünf Tagen wieder zurück sein.«

»Gut«, nickte der Neffe des Erblassers. »Dann treffen wir uns in einer Woche um elf Uhr in meiner Wohnung.«

»Nein, mir ist lieber, wenn wir uns in meinem Hotel treffen. Dort gibt es einen sehr angenehmen kleinen Konferenzraum. Außerdem brauche ich dann nicht wieder die lange Fahrt durch die Stadt zu machen, sondern Sie«, entgegnete der Notar augenzwinkernd, worauf der Erbe stumm nickte, sich erhob, Ganterbein die

Hand reichte und förmlich sagte: »Auf Wiedersehen. Ich wünsche Ihnen eine vergnügliche Reise.«

Bis zur Rückkehr seines Taxis ging der Notar in dem kleinen Park auf und ab. Am liebsten hätte er Luftsprünge gemacht, so erleichtert war er. Nun war alles bestens arrangiert. Den gefährlichen Vorschlag, in die Wohnung des Erben zu kommen, hatte er locker und unauffällig abgewehrt. Nach dem Ausflug würde er das Hotel nicht mehr verlassen.

Alfred Runkel kehrte in seine Wohnung zurück. Jetzt war er noch aufgewühlter als nach dem Erhalt des braunen Umschlags. Er musste weg, wieder flüchten, eine neue Identität annehmen. Er würde zunächst zu seiner langjährigen Vertrauten, Judith, in die Berge fahren und dann weitersehen. Er warf ein paar Kleidungsstücke in einen Koffer auf dem Bett. Sollte er auch die schöne Katze aus Muranoglas mitnehmen? Sie erinnerte ihn an seinen Kater, den er bei der Flucht aus Deutschland zurückgelassen hatte. Er ging zur Abstellkammer, nahm ein paar Zeitungen von einem Packen, der dort gestapelt war, kehrte zurück ins Schlafzimmer, drehte die Skulptur ein, legte sie zwischen die zusammengefalteten Kleidungsstücke, wusch sich die Druckerschwärze von den Händen, ließ sich dann aufs Bett neben den Koffer fallen und schlief vom Stress erschöpft ein.

Im Traum erlebte er seine Flucht aus Deutschland noch einmal, dann die Begegnung mit dem Notar. Wut über diesen Mann ergriff ihn, sodass er erwachte.

Er ging ins Wohnzimmer, holte zwei Bücher und packte sie in den Koffer. In dem Augenblick elektrisierte ihn ein Wort auf dem Zeitungspapier, mit dem er die Katze eingewickelt hatte. Er faltete es vorsichtig auseinander. Es war ein Teil der Rheinischen Post, die ihm ein Freund ab und zu kaufte, um ihm eine Freude zu bereiten. Alfred hatte kein Interesse an dieser Zeitung und überschlug daher immer nur die Schlagzeilen der ersten Seite. Jetzt aber las er im Lokalteil: »Banküberfall nach fünfzehn Jahren aufgeklärt. Täter geständig«.

Als er den Artikel zu Ende gelesen hatte, umfing ein Lächeln seine Lippen. Er begann, den Koffer wieder auszupacken.

Der alte Schuppen

– 1 –

»Hoffentlich klappt es«, dachte Dr. Walter Groß und fühlte Beklommenheit in sich aufsteigen. Heute Morgen war er noch zuversichtlich gewesen, ja geradezu euphorisch, aber jetzt wurde er unsicher. Würde sein Vorgesetzter seinem Vorschlag zustimmen? Immerhin hatte er freundlich gelächelt und sich für die Ausarbeitung bedankt. Aber wollte er die überhaupt?

Walter begann, sich in seiner Haut mehr und mehr unwohl zu fühlen. Im ersten Schuljahr hatte er immer etwas mehr geschrieben oder gerechnet, als er aufgehabt hatte – weil sein Lehrer sich dann freute und ihn lobte. So war er irgendwie darauf geprägt worden, im weiteren Verlauf seines Lebens immer etwas mehr zu machen, als von ihm verlangt wurde. Aber, war das dieses Mal auch erwünscht? Das Ressort, in dem er arbeitete, befand sich im Umbruch, und natürlich behielten die Vorgesetzten für sich, welche Organisationsform am Schluss herauskommen sollte. Möglicherweise ging Walters Vorschlag in die falsche Richtung? Er schüttelte sich, als würden die trüben Gedanken so von ihm abfallen.

Walter befand sich auf dem Nachhauseweg. Wie jeden Abend ging er den asphaltierten Fußgängerweg entlang, der durch ein riesiges Baustellengebiet führte. Der Winter war mild, bis jetzt hatte es nicht geschneit und deshalb konnte Walter diesen kleinen Weg gefahrlos nehmen. Bei Schnee wäre es wohl zu glatt geworden, denn da hier niemand wohnte, würde keiner den Weg freimachen.

Abrupt blieb er stehen und runzelte die Stirn. Der übliche Baustellenlärm war nicht zu hören. Er schaute sich um. Die Neubauten wirkten verlassen, alles lag wie aufgeräumt da. Nirgendwo flogen Styroporteile und Verpackungsfolien herum.

»Merkwürdig«, fand er. »Ob das Ordnungsamt wohl mal vorstellig geworden ist und dem Bauleiter klar gemacht hat, dass Baustellenabfälle nicht in die Landschaft geworfen werden dürfen?«

Sein Blick glitt über die Häuser. Inzwischen sahen sie fast bezugsfertig aus. Na ja, es handelte sich nicht gerade um architektonische Meisterleistungen. Die rechteckigen Betonklötze wirkten nur deshalb ein wenig aufgelockert, weil zwischen den Fenstern grüne Streifen gestrichen worden waren. Die Ausstattung eines kleinen Kinderspielplatzes mit einer roten Schaukel, einer blauen Wippe und dem gelben Sandkasten trug auch dazu bei, den Bauten eine Art Leichtigkeit zu verleihen.

Von wegen, naturnah wohnen, wie das seinerzeit an den Bauschildern gestanden hatte. Walter schüttelte den Kopf. Die Leute würden sich noch wundern. Von dem jetzt noch vorhandenen Grün würde nur eine kleine, ein Jahr zuvor angelegte Biotopfläche mit dem freigelegten Kapselbach übrig bleiben, die man von der Baustelle aus, also von den zukünftigen Neubauten aus aber nicht sehen konnte. Hier entstand ganz eindeutig eine Betonwüste.

Er seufzte. Zum Glück hatte er sein Elternhaus mit dem parkähnlichen Garten geerbt und musste sich nicht in die Schar derer einreihen, die in der Stadt eine Mietwohnung suchten. Klar, es war schön, in so einem Hotspot von Stadt zu leben, aber die Wohnungsknappheit und die hohen Mieten waren eine Schattenseite.

Walter freute sich auf sein Zuhause, wo ihn seine Frau Pia und die beiden Töchter Ina und Paula zum Abendessen erwarteten. Deshalb wandte er den Blick wieder seinem Nachhauseweg zu und ging weiter in Richtung Biotopfläche rechts vom Weg.

Hohe Gräser bewegten sich mit jedem Luftzug, Büsche setzten hier und da Akzente und ließen die Fläche nicht langweilig erscheinen. Im Vorbeigehen beobachtete er zwei Krähen, die beide im Gras auf etwas herumzuhacken schienen, als plötzlich zwei Elstern so dicht über seinen Kopf flogen, dass Walter den Luftzug spürte, aber bevor er sich Gedanken über die beiden Vögel machen konnte, wurde er von den Rufen eines Hundehalters abgelenkt, der am Ende der Biotopfläche stand und offenbar mit seinem Hund Gehorsamsübungen machte. Außer diesem Mann und Walter war weit und breit niemand zu sehen.

Er überquerte die mit Hartholz belegte Brücke über den Kapselbach. Jeder Schritt gab einen hohl klingenden Laut von sich. Plötzlich spürte er, dass ihn von hinten jemand beobachtete. Er ging noch zwei Schritte weiter, drehte sich dann schnell um, jedoch: Es war niemand zu sehen, so sehr er seinen Blick auch über das Gelände schweifen ließ.

»Ich muss mich getäuscht haben«, dachte er, drehte sich wieder um und ging weiter, bis er schließlich von dem Spazierweg auf den Bürgersteig der Straße einbog, auf der er wohnte. Nun waren es noch etwa fünfzig Meter bis zu dem Tor, durch das er zu seinem Haus gelangte. Alle Häuser dieser Straße waren mit hohen Mauern oder Hecken umgeben, und sie standen alle auf sehr großen Grundstücken mit altem Baumbewuchs und schön angelegten Gärten. Hier konnten sich die Bewohner tatsächlich der Natur nahe fühlen.

Walter schob das weiß angestrichene Eisentor auf, das ein leises Quietschen von sich gab, betrat den Kiesweg und hörte bei jedem Schritt das vertraute Knirschen.

Gleich war er zu Hause! Doch, was war das? Wieder hatte er das Gefühl, ein Augenpaar beobachte ihn von hinten. Wieder ging er noch zwei Schritte, blieb stehen, drehte sich um, sah aber niemanden. Er ging ein paar Schritte weiter, bevor er sich noch einmal abrupt umdrehte, aber er entdeckte niemanden. Dennoch ließ ihn das Gefühl verfolgt zu werden nicht los.

– 2 –

Am nächsten Abend saß Walter in der Ecke einer Bierkneipe, die sich BIER-SALOON nannte und eine kleine Speisekarte hatte. Sie war ganz in der Nähe seines Hauses gelegen. Dorthin ging er immer, wenn der Tag für ihn schlecht gelaufen war.

Das Etablissement schien eigens für vom Leben gezeichnete, frustrierte Männer da zu sein. »War wohl eine Marktlücke gewesen«, dachte Walter und schaute sich um, als wenn er nach Bestätigung dieses Gedankens suchte.

Der Raum war ausgestattet mit lauter kleinen, runden Tischen, an denen nur ein Stuhl stand. Die Möblierung hatte der Wirt übernommen. Vorher war hier ein Café drin, das insolvent geworden war.

Jetzt, kurz vor 18 Uhr saßen bereits acht Männer an diesen Tischchen. Jeder starrte vor sich hin. Die meisten hatten ein Glas Bier vor sich stehen, manche auch einen Schnaps. Einer biss lustlos in eine Frikadelle. Einige von ihnen sahen so aus, als hätten sie keinen anderen Ort, wo sie hingehen konnten.

Vor der Theke warteten drei Barhocker auf Besucher. Den Tresen mit der Bierzapfanlage hatte der Pächter der Lokalität einbauen lassen und bei der Gelegenheit auch die Barhocker angeschafft. Die aber blieben häufig unbenutzt, denn wer darauf Platz nahm, musste den Redeschwall des Kneipenwirts Leo über sich ergehen lassen. Der wienerte momentan Cocktailgläser.

Cocktails waren seine Spezialität. Sie hatten unterschiedliche Bezeichnungen, aber es handelte sich immer um eine Mischung aus Eierlikör, Grappa und einer Flüssigkeit, die er in kleinen Flaschen unter dem Tresen aufbewahrte. Diese Flaschen befanden sich in roten, blauen und grünen Samtbeuteln, und er verriet niemandem, was darin war. *Zauber des Vergessens* hieß die härteste Mischung. Wer davon zwei Gläser trank, brauchte Hilfe, um sein Zuhause zu finden.

Walter zuckte mit den Schultern. Womöglich enthielten diese Flaschen nur ganz billigen Schnaps, den der Wirt mit den Beuteln aus Samt tarnte. Schließlich verkaufte er seine Cocktails zu gepfefferten Preisen. Apropos gepfeffert: Ein bisschen Pfeffer streute er auch auf die Getränke. Leo behauptete, der Pfeffer verhindere Trunkenheit, woran Walter aber stark zweifelte.

Ihm wurde wieder ganz heiß, als er sich erinnerte, wie sein Kollege Emil sich über seinen Vorschlag lustig gemacht hatte, als der Chef ihn in kleiner Runde zur Diskussion gestellt hatte. Und die anderen Kollegen, die lästerten natürlich auch. Das hätte Walter sich eigentlich denken können. Vorstellungskraft entwickelten viele Leute nur, wenn es um ihre privaten Belange ging. Tja, da hatte er mit seiner Ausarbeitung wohl Perlen vor die Säue geworfen.

Er verspürte ein leichtes Hungergefühl. Zu Hause würde er nichts zu essen bekommen, weil seine Frau mit den Kindern und einer Freundin einen Ausflug machte, und sie erst später nach Hause kommen würden. Er blickte auf das Plakat an der Wand neben dem Tresen, das für Muschelgerichte warb, bildete sich einen Moment lang ein, eine Perle zu sehen und bestellte sich dann eine Portion.

– 3 –

Walter war ziemlich einfallsreich. Und deshalb gelang es ihm auch immer wieder, überraschende Lösungen für Probleme zu finden. Die meisten seiner Kollegen waren eher damit beschäftigt, ihre Karriere voranzutreiben, besonders Emil. Er hatte sich zum selbsternannten Berater des Chefs gemacht. Der schätzte Emils Schmeicheleien als Scharfsinn ein und war ihm sehr zugetan. Deshalb war es ratsam, vor Emil auf der Hut zu sein und in seiner Gegenwart nicht unbedachte Äußerungen zu machen, mit denen im Kollegenkreis gerne einmal über die Zustände in ihrem Betrieb gelästert wurde.

In seinem bisherigen Leben war Walter auf solche Typen immer wieder hereingefallen, denn sie schleimen sich ja nicht nur bei Vorgesetzten ein, sondern verstehen es auch, das Vertrauen der Kollegen zu gewinnen, sie auszuhorchen und bei passender Gelegenheit einen Vorteil für sich aus ihrem Wissen zu ziehen.

Dieses Mal aber wollte Walter keinem unfairen Kollegen auf den Leim gehen. Dieses Mal wollte er hellwach sein und vor allem keine spontanen Äußerungen machen, die ihm zum Nachteil ausgelegt werden konnten. Seit drei Monaten war er in diesem Ressort beschäftigt, und dieses Mal wollte er alles richtig machen.

– 4 –

Ein paar Tage später nahm Walter wieder den Fußweg durch das Baugebiet, als eine weibliche Stimme hinter ihm rief: »Entschuldige, junger Mann …«

Er blieb stehen und drehte sich um. Rita kam da hinter ihm her. Sie trug einen Minirock, und was für einen! Ihre langen Beine waren ein unübersehbarer Hingucker, mehr noch als ihre schulterlangen blonden Haare, die vom Wind leicht nach hinten geweht wurden. Walter rief ihr zu: »Hallo Rita, wer so aussieht wie du, braucht sich nicht zu entschuldigen.«

Die Frau lächelte, und als sie bei ihm war, umarmten sie sich. Seit ihrer Schulzeit waren sie Freunde. Sie gingen ein paar Meter stumm nebeneinander her. Walter betrachtete sie von der Seite. Das Lächeln war aus ihrem Gesicht verschwunden. Eine Zornesfalte hatte sich auf ihrer Stirn gebildet.

»Was ist los? An was denkst du gerade?«, fragte er.

»Ach, ich bin so wütend! Stell' dir vor, in meiner Nachbarschaft wohnt eine Familie, die sich mit allen Nachbarn anlegt. Jetzt hat sie von einem Gartenbaubetrieb große Laubbäume direkt an der Garage der neben ihnen wohnenden Leute setzen lassen. Da fallen natürlich die Blätter auf das Garagendach.«

»Na ja, ist das so dramatisch?«

»Ja. Es sieht nämlich so aus, als wenn sie absichtlich die Leute in ihrer Umgebung ärgern. Eine Familie ist ihretwegen schon weggezogen, und die, die jetzt betroffen sind, waren wegen einer anderen Sache schon einmal vor Gericht. Leider ohne Erfolg, und Vater und Sohn sind gegen den Nachbarn sogar handgreiflich geworden.«

»Neben solchen Leuten möchte man natürlich nicht wohnen, aber was hast du damit zu tun?«

»Ich wohne nur drei Häuser weiter, und es ärgert mich wahnsinnig, dass solche unverschämten Personen auch noch durchkommen.«

Walter und Rita liefen wortlos weiter. Jeder hing seinen Gedanken nach, bis Walter fragte: »Was willst du tun?«

Dabei sah er Rita durchdringend an: »Du willst doch etwas tun, oder?«

»Ja, ich weiß nur noch nicht, was. Vielleicht ergibt sich eine Gelegenheit ...«

»Woran denkst du?«

Rita zwinkerte mit den Augen. Ein breites Grinsen erschien auf

ihrem Gesicht, als sie Walter an der Schulter fasste und sagte: »Ich muss weg. Wir sehen uns.«

Und mit diesen Worten drehte sie sich um und ließ Walter verdutzt stehen.

– 5 –

Kamilla bemühte sich redlich, sich und ihre vier Kinder durchzubringen. Obdachlos zu sein, war kein Zuckerschlecken, schon gar nicht in diesen Zeiten.

Der Immobilienbau boomte und vernichtete immer mehr Zufluchtsstätten für diejenigen, die kein Zuhause hatten.

Immerhin war es Kamilla bis jetzt gelungen, ihren Kleinen eine gute Mutter zu sein. Denn nach wie vor gab es Menschen, die ihnen bereitwillig Nahrung zur Verfügung stellten, und das war zum Überleben nun einmal das Wichtigste.

Aber, wie würde es weitergehen? Vor ein paar Tagen hatten sie ihre Behausung Hals über Kopf aufgeben müssen, als die Bagger unaufhaltsam vorrückten. Seitdem waren sie auf der Suche nach einer neuen Bleibe.

Überall in der Stadt wurde gebaut. Immer mehr Grünflächen verschwanden, an manchen Stellen waren sogar Straßen unpassierbar, weil Straßenbahnschienen herausgerissen wurden und tiefe Gräben zurück blieben. Sie brauchten unbedingt eine neue Unterkunft, und weit und breit war nichts Geeignetes in Sicht.

– 6 –

Dr. Walter Groß saß mit weißem Hemd, Schlips und anthrazitfarbenem Anzug bekleidet an seinem Schreibtisch. Wohl fühlte er sich damit nicht. Er lockerte mit dem Zeigefinger die Krawatte, aber das Gefühl, eingezwängt zu sein, blieb. Er seufzte.

»Wie du kommst gegangen, so wirst du auch empfangen«, hatte ihm sein Vater immer wieder gesagt. Das stimmte nun mal. Der äußere Eindruck war ausschlaggebend. Wenn Walter auf der Karriereleiter aufsteigen wollte, spielte sein Erscheinungsbild ganz klar eine sehr wichtige Rolle.

Nachdem sein Vorschlag abgelehnt worden war, hatte man sich offenbar etwas ausgedacht, wodurch er sich von anderen Kollegen unterscheiden sollte. Man bot ihm an, eine Selbstfahrer-Erlaubnis zu bekommen. Die würde ihm erlauben, Dienstreisen mit einem Fahrzeug aus dem Fuhrpark der Behörde zu machen.

Eine solche Erlaubnis hatten natürlich nur wenige Kollegen. Als ob er darauf aus gewesen wäre! Und dann auch noch so etwas! Er sollte zukünftig bei Bewerbungsgesprächen dazu gezogen werden. Angeblich legte man großen Wert auf seine Beurteilung der Bewerber.

Missmutig sah er auf den Berg von Bewerbungsunterlagen, der vor ihm auf dem Schreibtisch lag.

Walter beschloss, erst einmal zum Automaten draußen auf dem Flur zu gehen und sich einen Kaffee zu ziehen.

Vielleicht traf er auf einen Kollegen, mit dem er sich unterhalten und so ein bisschen Zeit totschlagen konnte.

Vor der Mittagspause hatte er auf jeden Fall keine Lust, sich die Unterlagen anzusehen.

– 7 –

Kamilla saß vor dem kleinen Schuppen, in dem sie und ihre vier Kinder Unterschlupf gefunden hatten. Zwar hatte die Hütte ihre besten Tage längst hinter sich. Die Tür schloss nicht mehr richtig, klapperte und quietschte in den Angeln, sobald der Wind wehte. Bei dem einzigen Fenster war die Scheibe zerbrochen, aber immerhin mussten sie nicht in einem Kellerloch oder gar in Pappkartongebilden unter einer Brücke schlafen.

»Glück gehabt«, dachte Kamilla. »Gut, dass ich dem Schwarzen gefolgt bin, als er mir mit einer Kopfbewegung andeutete, hinter ihm herzulaufen.«

Ein bisschen mulmig war ihr schon gewesen. Jedes Mal, wenn er sich nach ihr und ihren Kindern umdrehte, hatte sie sich gefragt, ob er womöglich etwas im Schilde führte.

Kamilla hatte jedoch all' ihren Mut zusammengenommen, und schließlich betraten sie durch ein halb offen stehendes, verrostetes Gartentor ein Grundstück von der Rückseite her. Hier stand ziemlich undurchdringliches Gebüsch, und darin versteckt befand sich der kleine Schuppen, in dem sie und ihre Kinder heute zum ersten Mal schlafen würden.

Als sich Kamillas Verblüffung über diese Hütte gelegt hatte, und sie sich nach dem Schwarzen umdrehte, war er verschwunden.

Der Schuppen, in dem Kamilla und ihr Nachwuchs fortan leben Sollten, hatte ein Vordach und eine Betonterrasse, auf der ein vom Wetter gezeichneter, ehemals weißer, runder Tisch mit sechs verwitterten weißen Stühlen standen. In einer Ecke hatte jemand einen runden Grill abgestellt, an dem mittlerweile der Rost nagte. Zu beiden Seiten der Terrasse lieferten hohe Brombeerhecken Sicht- und Windschutz.

In der Hütte roch es nach Feuchtigkeit, ein Geruch, der entstand, wenn Räume nie geheizt wurden. Vielleicht würde des Sommerwetter das ehemals gut ausgestattete Gartenhäuschen erwärmen und den klammen Geruch vertreiben.

Das Waschbecken hatte keinen Wasseranschluss mehr, der Seifenspender war leer, ein Stapel Papiertaschentücher hatte sich in kleine Fetzen verwandelt, die überall auf dem Boden herum lagen. Die am zerbrochenen Fenster hoch gezogene Jalousie klapperte bei jedem Windzug leise. An diese vielen Windgeräusche würden sich die neuen Bewohner gewöhnen müssen.

Einen Lichtblick gab es aber immerhin. Der Raum war mit extrem breiten, dicken Regalbrettern ausgestattet, auf denen sich Nachtlager aufschlagen ließen. Und das Beste war, dass darauf dicke Styroporplatten lagen, die nicht nur Kälte abhielten, sondern sogar wärmen würden. Decken, in die sich Kamilla und ihre Kinder hätten kuscheln können, lagen in dem Schuppen schließlich nicht herum.

Alles in allem war Kamilla ausgesprochen zufrieden. Sie hatten ein Dach über dem Kopf. Diese neue Bleibe gefiel ihr irgendwie.

– 8 –

Nach seiner Mittagspause saß Walter an seinem Schreibtisch und lauschte den vertrauten Geräuschen, die durch seine Bürotür drangen, weil einige Kollegen ihre Türen offen stehen ließen.

Er hörte Telefone schrillen, ein Kollege brüllte so laut, als müsste er sich ohne Telefon über eine große Entfernung Gehör verschaffen. Dann rauschte jemand den Flur entlang. Das musste der Bote sein, der seit kurzer Zeit eilige Post von einem zum anderen Büro brachte, dachte Walter.

Mit einem Seufzen nahm er sich die erste Bewerbung von dem Stapel auf seinem Tisch. Als er sie aufschlug, erblickte er ein grünstichiges Passfoto mit stechenden Augen.

»Wer sich mit einem solchen Foto bewirbt, ist entweder sonderbar oder will die Stelle überhaupt nicht«, dachte er, schlug die Unterlagen zu und legte sie beiseite.

Bei der nächsten Bewerbung störten Walter drei Rechtschreibfehler, die er nicht für Flüchtigkeitsfehler hielt. Und das in der heutigen Zeit, wo die Software jeden Orthographiefehler markierte! Wie würde dieser Bewerber wohl arbeiten? Halbe Kraft voraus oder was?

Widerwillig nahm sich Walter eine weitere Bewerbung. Das Bewerbungsschreiben machte einen einwandfreien Eindruck. Die Person auf dem Passfoto wirkte sympathisch. Beim Umblättern aber erschien ein tabellarischer Lebenslauf, und der hatte etliche kleine Schönheitsfehler. Irgendwie schien Kaffee darauf gespritzt zu sein.

Walter überlegte: auch zur Seite legen oder vorschlagen, dass der Bewerber im Gespräch zu den kleinen Flecken befragt werden sollte?

Während er so überlegte, wurde ihm klar, dass seine neue Aufgabe ihm doch recht viel Verantwortungsbewusstsein abverlangte. Bei den vielen Bewerbungen, die auf jede Stellenausschreibung eingingen, lag es an seiner Sorgfalt und Einschätzung, ob ein Bewerber überhaupt eingeladen würde.

Walter lehnte sich in seinem Drehstuhl zurück, ließ sich diesen Gedanken wieder und wieder durch den Kopf gehen. Dabei drehte er so fest mit der Spitze seines Kugelschreibers auf der dunkelgrünen Schreibtischunterlage, bis er sie durchbohrt hatte.

Was wäre, wenn ihm daraus ein Strick gedreht würde, wenn man ihn abmahnen würde, wegen einer solch geringfügigen Sachbeschädigung, die er auch noch unbewusst herbeigeführt hatte? Er warf den Kugelschreiber in eine Ecke seines Büros. Dann saß er regungslos da, biss sich auf die Lippen. Die Geräusche von draußen hörte er nicht mehr. Schließlich nahm er die zur Seite gelegten Bewerbungsunterlagen zur Hand. Er wollte sie dieses Mal richtig prüfen. Das war nur fair, fand er.

– 9 –

Kamilla träumte mit offenen Augen vor sich hin. In dieser Nacht würde sie wohl keinen Schlaf finden. Sie war viel zu aufgeregt. Gerade war sie von der Erkundung des Grundstücks zurückgekommen.

Sie befanden sich auf einem weitläufigen Gelände. Vor dem Schuppen und dem Gebüsch, hinter dem er versteckt lag, hatte Kamilla plötzlich auf einem gepflegten Rasen mit großen Kastanienbäumen gestanden. Seitlich sah sie Blumenbeete, die den Rasen wie ein Rahmen umgaben.

Und zu ihrer größten Überraschung und Freude floss in unmittelbarer Nähe ihrer Behausung ein kleiner Bach. Da fanden sie also Wasser, ohne entdeckt zu werden, wenn sie sich anschlichen, denn eine Trauerweide reichte an einer Stelle bis auf den Boden und bildete so eine Art Vorhang, hinter dem sie niemand sehen konnte. Immerhin stand in einiger Entfernung eine Art Schloss, dass nach Kamillas Einschätzung auf jeden Fall bewohnt wurde. Es galt also, immer mit großer Vorsicht zum Bach zu gehen. Das musste sie ihren Kindern klar machen.

Das Beste aber an Kamillas Erkundung war die Begegnung mit dem Schwarzen, der sie hierher geführt hatte.

Wie aus dem Nichts stand er ihr plötzlich gegenüber. Sie hatten sich nur einem Moment in die Augen gesehen, und da war es geschehen: Kamilla hatte sich verliebt. Aber gerade, als sie einen Schritt auf ihn zu machen wollte, hörte sie eine männliche Stimme rufen: »Tony, wo bleibst du denn?«

Im selben Moment drehte sich der Schwarze um und rannte auf das Schloss zu, das Kamilla gesehen hatte. Sofort fasste sie den Entschluss, sich bei Dunkelheit näher an das Gebäude heran zu wagen. Sie wollte nicht entdeckt und dann weggejagt werden. Jetzt erst recht nicht! Dann würde sie den Schwarzen womöglich nie mehr wiedersehen.

– 10 –

Am nächsten Morgen ging Walter aus seinem Büro auf den Flur, um sich einen Kaffee am Automaten zu holen, um den schon einige Kollegen herumstanden und sich angeregt unterhielten.

»Sie haben so ein schönes Fell«, stellte Emil gerade fest, und als ihn Walter fragend anschaute, fuhr er fort: »Wir sprechen gerade von dem kleinen Mischlingshund, den sich meine Schwiegermutter zugelegt hat. Er ist erst acht Monate alt.«

»Ach so«, erwiderte Walter. »Von Hunden verstehe ich nichts. Ich habe einen Kater, aber ob ich den verstehe, weiß ich nicht so recht. Und ganz rätselhaft ist mir, wie viel Futter er in letzter Zeit frisst. Ich muss ihn beim nächsten Tierarztbesuch auf eine Schilddrüsen-Überfunktion untersuchen lassen.«

Die Kollegen nickten stumm. Der Welpe von Emils Schwiegermutter war offenbar viel interessanter als mögliche Gesundheitsprobleme von Walters Kater, und so löste sich die Runde auf, und auch Walter leerte seinen Kaffeebecher, warf ihn in den dafür vorgesehenen Behälter, kehrte in sein Büro zurück und schloss die Tür hinter sich.

»Nun denn«, dachte er und nahm erneut die Sichtung der Bewerbungsunterlagen auf. Dieses Mal empfand er dabei Neugier und freute sich darauf, in die Lebensläufe Anderer ein wenig Einblick zu bekommen.

Sodann notierte er zu jeder Bewerbung eine Begründung für eine Ablehnung oder eine Einladung zum Gespräch.

Bei einem Bewerber war er unsicher und wollte deshalb die Meinung der Kollegen bei einer Kaffeerunde einholen, aber dieser Versuch lief am Kaffeeautomaten ins Leere.

Kaum hatte er gefragt: »Was meint ihr, wenn ein Bewerber zwei verschiedene Ausbildungen absolviert, aber in beiden Berufsbildern anschließend keine Berufserfahrung gesammelt hat, weil er für einige Zeit nach Indien gegangen ist ...«

Walter unterbrach sich, als er merkte, dass ihn sechs Augenpaare geradezu feindselig anstarrten, und in dem Moment rief Emil: »Um Himmels willen! Wir können uns doch hier nicht mit den Bewerbungen befassen, die du auf dem Tisch liegen hast!«

Damit war die Frage abgewürgt, bevor Walter sie hatte formulieren können. Er trank seinen Kaffee hastig aus und verabschiedete sich von den Kollegen mit einem Kopfnicken.

Emils Bemerkung folgte am Nachmittag der Besuch von Walters Chef, der jovial tat: »Fast wäre ich ja an Ihrer Bürotür vorbei gegangen, aber dann dachte ich, ich könnte Ihnen mal guten Tag sagen.«

Er machte eine Pause, bevor er fragte: »Bei Ihnen ist doch alles klar, oder? Die Bearbeitung der Bewerbungen kriegen Sie doch hin?«

»Daher weht der Wind«, dachte Walter. »Emil hat gepetzt« und sagte: »Natürlich, den größten Teil habe ich schon abgearbeitet.«

»Dann bin ich ja beruhigt«, sagte der vorgeblich fürsorgliche Chef und er sah beim Verlassen des Büros nicht die Grimasse, die Walter hinter ihm machte.

Den Rest des Nachmittags konnte Walter sich nicht mehr konzentrieren, lief ab und zu in seinem Büro auf und ab, dann starrte er aus dem Fenster nach draußen, und als der Feierabend näher rückte, wusste er, dass er an diesem Tag erst später nach Hause kommen würde.

Walter saß wenig später an einem der kleinen Tische im BIER-SALOON mit einem vollen Glas Bier vor sich. Das war ein Tag gewesen!

Erst die sogenannte Prüfung für die Selbstfahrergenehmigung, bei der er hatte beweisen müssen, dass er Auto fahren kann. Als er die Rampe der Ausfahrt mit heulendem Motor nahm, weil er zu viel Gas gab, zweifelte er schon daran, diese Genehmigung überhaupt zu bekommen. Aber er hatte geglaubt, das schwach motorisierte Fahrzeug womöglich abzuwürgen, und die Blöße hatte er sich nicht geben wollen.

Dann die blöde Bemerkung von Emil und danach der Auftritt von seinem ach so besorgten Chef.

Er nahm einen großen Schluck und sah sich dann um. Weiter hinten, in einer Ecke, saß ein alter Mann, dessen Gesicht an eine Ruine erinnerte. Er schien saubere Kleidung zu tragen, aber als Walter die langen Fingernägel sah, begann er daran zu zweifeln und kam sogar auf die Idee, der Mann könnte Flöhe haben. Als der zu ihm hinüber sah, wandte Walter den Blick ab.

»Hast du ein bisschen Zeit für mich?«, hörte er auf einmal eine ihm wohl vertraute Stimme hinter sich fragen.

»Ja«, rief Walter und drehte sich schwungvoll um. Rita begrüßte ihn mit einem Augenzwinkern. Sie zog einen zweiten Stuhl an den Tisch heran, legte ihre dunkelbraune Handtasche darauf und ging zur Bar, um sich ein Bier zu holen, stellte es auf den Tisch, nahm die Tasche auf, hängte sie über die Rückenlehne des Stuhls und setzte sich.

»Du siehst bedrückt aus«, sagte sie und sah Walter forschend an.

»Du hast Recht. Ich könnte ein bisschen Aufheiterung gebrauchen, oder bist du auch hier, um den heutigen Tag in einem Bier zu ertränken?«

»Nein, ich sah dich hier hineingehen und bin dir gefolgt. Vielleicht kann ich dich ja sogar erheitern.«

Rita sah Walter erwartungsvoll an, aber der nickte nur müde.

»Nun denn«, meinte Rita. »Ich hatte dir doch von den Leuten in meiner Nachbarschaft erzählt, die nur Ärger verursachen. Gestern bin ich mit einem neu zugezogenen Mann ins Gespräch gekommen.«

Rita lächelte in sich hinein, und Walter vermutete sofort, dass sie sich offenbar Hals über Kopf in den Mann verliebt hatte, sagte aber nichts.

»Also, dieser neue Nachbar ist genau wie ich der Meinung, dass man etwas tun muss. Und er hatte eine tolle Idee. Er bringt in den nächsten Tagen einen Ableger einer invasiven Pflanze mit und setzt den heimlich in den Vorgarten dieser Ärger-Leute.«

Walter sah Rita an und fragte dann: »Was ist denn eine invasive Pflanze?«

»Das ist eine Pflanze, die auf einem anderen Kontinent heimisch ist. Wenn solche Pflanzen hierher verschleppt werden, wuchern sie drauf los, was sie in ihrer heimischen Umgebung nicht tun, weil da ein Gleichgewicht zwischen den verschiedenen Pflanzenarten besteht.«

»Hm«, meinte Walter. »Und eine solche Pflanze soll nun den Garten des Nachbarn zuwuchern? Aber die muss er doch nur roden oder mit Folie ersticken.«

»Eben nicht! Er wird sie erst bemerken, wenn sie schon zwei bis drei Meter tiefe Wurzeln hat. Eine schwarze Folie nützt dann gar nichts. Roden geht bei der Pflanze, die hier eingesetzt werden soll, jedoch reicht einmal Roden nicht. Es muss mindestens zehn Mal gerodet werden, und wenn der Nachbar nicht aufpasst, hat die Pflanze schon seitlich unter der Erde neue Triebe entwickelt.«

Walter zog die Augenbrauen hoch: »Ganz schön hinterhältig, diese Idee. Habt ihr keine Angst, dass die Pflanze auf andere Grundstücke übergreift?«

»Nö, die sind so gelegen, dass nichts passieren kann«, entgegnete Rita und sah ein bisschen enttäuscht aus. Sie hatte sich eine andere Reaktion vorgestellt.

Die nächsten Minuten verbrachten beide schweigend, bis Walter fragte: »Was hältst du von einem *Zauber des Vergessens*?«

»Oh ha«, antwortete Rita. »Wie wäre es, wenn du mir vorher erzählst, was du vergessen willst?«

Und so wurde es sehr spät, bis Walter nach Hause kam.

– 11 –

Nachdem sich Walter in die Beurteilung der Bewerbungsunterlagen eingearbeitet hatte, ging es ihm leicht von der Hand, die Spreu vom Weizen zu trennen, und so suchte er Bewerber zur Vorstellung aus, die genau passten. Das wiederum gefiel seinen Vorgesetzten. Dadurch hatten sie weniger Aufwand mit Bewerbungsgesprächen und konnten Stellen schnell besetzen.

Im Rahmen einer abteilungsübergreifenden Besprechung ließ es sich schließlich Walters Chef nicht nehmen, auf die hervorragende Arbeit von Walter hinzuweisen, ihn öffentlich zu loben. Sofort wurde er belagert. Man wollte nun von ihm wissen, wie er so zielsicher die richtigen Bewerber aus dem Berg der Bewerbungen herausfischte.

Dr. Walter Groß gab hierzu bereitwillig Auskunft. Endlich fand seine Arbeit Anerkennung und er konnte mit anderen darüber sprechen.

Dennoch bekam er mit, dass Emil ihren gemeinsamen Chef zur Seite zog und in ein Gespräch über Walters und seine Gemeinsamkeiten verwickelte und als sich die Gesprächsrunde auflöste, wurde Walter von seinem Chef angesprochen.

»Sie haben einen Kater, habe ich gerade gehört, stimmt das?«

»Ja«, gab Walter zu und wunderte sich über das Interesse an seinem Tier.

»Dann wissen Sie ja, dass ab nächstem Monat alle Katzen und Kater bei uns in der Stadt kastriert werden müssen, bevor sie Freigang bekommen, oder?«, fragte sein Chef weiter.

»Ja«, meinte Walter. »Davon habe ich gelesen.«

»Dann wissen Sie ja Bescheid«, ließ sich sein Chef daraufhin vernehmen und verabschiedete sich mit einem Kopfnicken.

»Was sollte das denn?«, fragte sich Walter. Was ging es seinen Chef an, ob er seinen Kater kastrieren ließ oder nicht? Da steckte bestimmt Emil dahinter. Der sollte sich besser um den Welpen seiner Schwiegermutter kümmern! Walter würde seinen Kater jedenfalls nicht kastrieren lassen.

– 12 –

Es war Sommeranfang geworden. Walter war auf dem Weg nach Hause. Das ehemalige Baustellengebiet hatte sich stark verändert. Die meisten Häuser waren inzwischen bezogen. Auf dem Spielplatz zankten Kinder. Alle wollten gleichzeitig schaukeln, aber so viele Schaukeln waren nicht da.

»Wie im späteren Leben«, dachte Walter. »Sich zu einigen, fällt einfach schwer.«

Er hörte das Trippeln von Highheels hinter sich, und als er sich umdrehte, war Rita schon fast bei ihm. Sie begrüßten sich herzlich und dann sagten beide wie aus einem Mund: »Wie wäre es mit einem Feierabend-Bier?«

So landeten sie wieder einmal im BIER-SALOON. Dieses Mal angelte sich Walter einen zweiten Stuhl an den Tisch und dann fragte er Rita: »Was ist denn aus deinen Racheplänen für den unliebsamen Nachbarn geworden?«

»Ach«, antwortete sie mit einer wegwerfenden Handbewegung. »Die Klügere gibt nach, habe ich mir gedacht, und dann ist mir das Schicksal zu Hilfe gekommen. Dieser Nachbar ist inzwischen weggezogen. Das Problem hat sich von allein gelöst.«

Sie lächelte Walter an. Ihre Augen strahlten als sie sagte: »Ich bin froh, dass ich nichts unternommen habe. Danach hätte ich doch nur ein schlechtes Gewissen bekommen. So ist es besser.«

»Das stimmt. Manchmal sollte man auf sein Glück vertrauen.«

Er machte eine Pause und erzählte dann, dass ihm inzwischen Anerkennung entgegengebracht wurde und dieser Schleimkriecher Emil offenbar keinen Ansatzpunkt mehr fand, um ihn beim Chef anzuschwärzen.

»Ja dann«, meinte Rita und hob ihr Glas, um Walter zuzuprosten. Und dieses Mal beließen sie es tatsächlich bei einem Bier.

Zu Hause angekommen, begrüßte Walters Frau ihn mit den Worten: »Unser Nachbar behauptet, aus unserem alten Schuppen kämen merkwürdige Geräusche, du solltest da mal nachsehen.«

»Guten Abend, erstmal«, entgegnete Walter. »Warum bist du denn so aufgeregt?«

»Na ja, der Nachbar hat mich ganz verrückt gemacht. Sieh doch einfach mal nach, bitte.«

Walter fühlte sich in seiner Feierabendlaune gestört, machte sich aber auf zu dem Schuppen. Sein Vater hatte den seinerzeit bauen lassen. Damals hatte er noch Stromanschluss und war auch sonst gut ausgestattet. Neben dem Handwaschbecken war sogar ein Seifenspender angebracht, aber irgendwann wurde der Schuppen nur noch zum Abstellen alter Gartenmöbel genutzt, und später geriet er ganz in Vergessenheit.

Widerwillig schob Walter sich durch das Gebüsch, das den Schuppen umgab. Hören konnte er jedenfalls nichts. Er spürte, wie seine Verärgerung zunahm. Jetzt drangsalierte man ihn im Amt nicht mehr, nun fing das auf seinem eigenen Grundstück an. Am liebsten wäre er zum Haus zurückgegangen. Aber jetzt war er ja schon am Schuppen.

Er blieb einen Augenblick davor stehen, öffnete dann ruckartig die Tür, machte einen Schritt in den Raum hinein und schnappte nach Luft bei dem Anblick, der sich ihm bot.

Inmitten von vielen, genaugenommen waren es 26, aber so schnell konnte er nicht zählen, also inmitten von vielen schwarzen Katzen saß sein Kater Tony mit seinem leuchtend grünen Zeckenhalsband. Daneben saß eine dieser vielen schwarzen Katzen, starrte ihn aus gelben Augen an und schien zum Sprung anzusetzen.

Dass sie von ihren ehemaligen Besitzern Kamilla gerufen worden war, wusste Walter natürlich nicht. Instinktiv wollte er ihrem Sprung ausweichen, kam dabei ins Schlingern, konnte sich nicht fangen und fand auch nirgendwo Halt. Im Fallen dachte er: »Deswegen brauchte Tony so viel Futter. Er hat sich eine Großfamilie zugelegt. Hätte ich ihn doch bloß kastrieren lassen.«

Dann schlug er mit dem Kopf auf, und ihm wurde schwarz vor Augen.

Schneider

Kaffee und Kuchen waren verputzt. Elke Schneider strahlte ihren Mann Ernst an. Der Nachmittag war gelungen. Ihre Schwiegermutter Wilma lächelte zufrieden. Schwiegervater Otto Schneider lehnte sich auf seinem gepolsterten Stuhl zurück und klappte sein Zigarren-Etui auf. Wie immer blieb die Familie um den noch nicht abgeräumten Tisch herum sitzen. Paul, der achtjährige Sohn von Elke und Ernst, begann sich zu langweilen, malte mit dem Fingernagel auf dem Tischtuch. Plötzlich machte er eine fahrige Handbewegung und sein Kakao-Becher fiel auf das Parkett, wo er mit lautem Geschepper in tausend Stücke zerbrach.

»Schneider!« rief sein Vater wütend.

»Sag nicht immer Schneider zu Paul!« rief nun Elke mit hochrotem Kopf. Dann wandte sie sich an ihren Schwiegervater und sagte: »Immer wieder nennt er Paul beim Nachnamen. Das ist doch nicht normal. Kannst du ihm das nicht verbieten? Auf mich hört er ja nicht.«

Otto Schneider zupfte sich am Kinn, als hätte er einen Bart. Schließlich sagte er: »Weißt du, Elke, als Ernst so alt wie Paul war, habe ich ihn hin und wieder auch beim Nachnamen genannt. Ich fand das lustig. Ich hab's nämlich nachgemacht.«

»Das verstehe ich nicht«, wunderte sich Elke, und Ernst, der sich inzwischen wieder beruhigt hatte, sagte: »Ich auch nicht. Ich kann mich nicht daran erinnern. Wem hast du es denn nachgemacht?«

»Na ja, da muss ich ein bisschen ausholen: Deine Mutter ist ja bei deiner Geburt gestorben und ich war beruflich viel unterwegs. Also habe ich ein Hausmädchen engagiert, das dich erziehen sollte. Das ging solange, bis du in die Schule kamst. Dein Lehrer kam zu uns nach Hause und sagte mir, dass du keine Hausaufgaben mit in die Schule brächtest und nicht aufpasstest und die erste Klasse gerade einmal so schaffen würdest. Ich habe dann das Hausmädchen zur Rede gestellt und dabei kam heraus, dass sie mit der Aufgabe vollkommen überfordert war und sich von dir auf der Nase herumtanzen ließ. So habe ich mich entschieden, dich in einen Kinderhort mit Internat zu schicken. Daran erinnerst du dich doch noch, oder?«

»Ja«, gab Ernst zu. »Plötzlich musste ich da übernachten und auch essen. Igitt, an diese scheußliche Brotsuppe darf ich gar nicht denken und am Wochenende wurde ich noch nicht einmal nach Hause geholt, wie die meisten anderen Kinder. Daran erinnere ich mich. Ich war sehr unglücklich, Vater.«

»Ich weiß, aber was hätte ich anderes tun können?«

Otto Schneider seufzte und fuhr dann fort: »Deine schulischen Leistungen verbesserten sich auf jeden Fall drastisch und so kam ich eines Tages zum Hort, um mich bei den Mitarbeiterinnen zu bedanken. Und stell' dir vor, die sagten mir, das sei alles das Verdienst der kleinen Bärbel. Du und die kleine Bärbel gingen in dieselbe Klasse. Bärbel kontrollierte, ob du tatsächlich alle Schulaufgaben gemacht hattest. Außerdem fand sie offenbar, dass du nicht besonders gut lesen konntest und hat mit dir das Lesen geübt. Na, so war es kein Wunder, dass du dich verbessert hast. Als ich dich vom Hort abmeldete, weil ich Wilma kennen gelernt hatte und wir zusammen als Familie leben wollten, habe ich Bärbel und noch ein paar Kinder zu einer Abschiedsfeier eingeladen, und da habe ich gehört, dass Bärbel dich nur mit Schneider ansprach. Kannst du dich daran gar nicht mehr erinnern?«

Ernst Schneider schüttelte den Kopf: »Nein, aber während du erzählt hast, sind mir ein paar Erinnerungen gekommen. In der Schule saß ich neben Bärbel. Sie sagte immer – ruhig, zuhören – wenn ich schwätzen wollte. Ja, und dann erinnere ich mich, wie auf dem Weg von der Schule zum Hort einige Jungen laut gesungen haben. Meistens Verunglimpfungen von Liedern. Da durfte ich nicht mitsingen. Bärbel sagte dann zu mir – so was singt man nicht.«

»Dass du das mit dem Nachnamen bei deinem Sohn übernommen hast, finde ich trotzdem ein wenig merkwürdig«, sagte Elke.

»Ja, finde ich auch«, stimmte ihre Schwiegermutter Wilma zu, lachte dann aber und meinte: »Muss es denn immer für alles Erklärungen geben? Komm Paul, vergiss die Scherben oder glaub' daran, dass sie Glück bringen und jetzt weißt du, dass dein Vater dich nicht beleidigen will, wenn er dich Schneider nennt. Er heißt ja selber so!«

Über diese Logik konnte sogar Paul herzlich lachen.

»Es wird Zeit«, ließ sich Otto Schneider hören und damit begann der Aufbruch der älteren Herrschaften. Elke räumte den Tisch ab und Paul verkrümelte sich in sein Zimmer. Der Großvater hatte ihm ein neues Spiel mitgebracht. Das wollte er jetzt gleich ausprobieren.

Tags darauf saß Ernst Schneider wieder einmal in einer dieser langweiligen Montags-Besprechungen, bei denen Tätigkeitsberichte abgegeben und Termine besprochen wurden. Seine Gedanken schweiften ab. Vor seinem inneren Auge sah er ein Gartengelände, das von roten Aschewegen durchzogen war. Er sah Beete mit gelben und dunkelroten Primeln und eine Wiese, die von Kastanienbäumen gesäumt war. Auf dem Ast eines kleineren Baums saß ein Junge und ein Zweiter versuchte gerade, auch hinaufzuklettern. Er selbst saß auf einer Wippe. Er allein. Nun fiel es ihm ein. Es war sein erster Tag im Kinderhort. Da stand auf einmal ein Mädchen neben ihm. Bärbel.

Wie durch einen Schleier hörte er: »Bei drei Ausschreibungen haben wir den Zuschlag bekommen.«

Im selben Augenblick spürte er die Ohrfeige, die ihm Bärbel gab. Ja, genau: »Bei drei bist du runter!« hatte sie damals gesagt, aber, wie bei seinem Kindermädchen, dachte Ernst nicht daran, der Aufforderung zu folgen. Da zählte Bärbel bis drei und knallte ihm eine.

Ernst Schneider wurde heiß. Jetzt fiel ihm noch etwas ein. Als sein Schwimmtrainer gesagt hatte: »Bei drei springst du!« war er regelrecht erstarrt. Er hatte nicht springen können und so kletterte er schließlich wieder vom Zehnmeter-Brett hinunter. Das war ihm jetzt noch peinlich. Er lockerte seine Krawatte. Die schien ihm plötzlich den Hals einzuschnüren.

»Geht es dir nicht gut, Ernst?« fragte der Kollege neben ihm.

»Doch, doch, Harald, mach dir keine Sorgen«, erwiderte Ernst.

Dann hing er wieder seinen Gedanken nach. Da fiel ihm noch eine andere Situation ein. Damals hatte er fluchtartig die Sparkasse verlassen, als die Mitarbeiterin gesagt hatte: »Die Zinsen liegen bei drei Prozent.« Dabei lag die Sparkasse damit besser als alle anderen Banken.

Eine freudige Aufgeregtheit erfasste Ernst. Jetzt wusste er endlich, warum er manchmal so unerklärlich reagiert hatte. Er entspannte sich. Ein Lächeln huschte über sein Gesicht. Auf keinen Fall würde er seinen Sohn noch einmal beim Nachnamen rufen! Und bei drei würde er in Zukunft nicht mehr wie hypnotisiert reagieren.

»Schneider!« riss ihn eine Stimme aus seinen Betrachtungen.

»Ja«, antwortete er erschrocken.

»Auf Herr Schneider reagieren Sie ja wohl nicht«, war das Nächste, was er hörte.

Am Ball geblieben

»Welcher Ball fliegt weiter? Deiner oder meiner?« Kurt sah Gerd herausfordernd an.

»Meiner, was denkst du denn?« lachte der und trat seinen Fußball so fest er konnte.

Die beiden jungen Männer liefen hinter dem Ball her und zählten dabei laut ihre Schritte.

»Hundert!« riefen sie wie aus einem Mund.

»Aber nur, weil hier diese Grundstücksmauer im Weg ist«, sagte Gerd. »Wir müssten aus der Stadt heraus, aufs offene Feld.«

»Da hast du Recht. Am besten treffen wir uns morgen Nachmittag am Gut Auershof. Da haben wir freie Bahn.«

»Einverstanden. Bis morgen. Ich werde so gegen fünf Uhr nachmittags da sein.«

Am nächsten Tag trafen sie sich wie verabredet und peitschten ihre Bälle über die stoppeligen Herbstfelder. Immer wieder kamen sie auf gleiche Ergebnisse. Es dämmerte, wurde dunkel. Schließlich wussten sie nicht mehr, wo sie waren und beschlossen, erst am folgenden Morgen den Rückweg anzutreten. Auf der Suche nach einer Schlafmöglichkeit entdeckten sie ein Gehöft. Es sah heruntergekommen aus. Innen aber brannte Licht und so klopften sie an die Tür. Nichts passierte. Sie traten an das Fenster neben der Tür und sahen einen Küchenraum, in dem ein alter Mann am Tisch saß. Er hatte Brot und ein großes Stück geräucherten Schinken auf dem Tisch und hielt ein langes Messer in der Hand, mit dem er sich ab und zu etwas vom Brot, dann vom Schinken abschnitt und aß.

»Ich glaube, der hört schlecht«, meinte Kurt und klopfte nun an die Fensterscheibe.

»Stimmt. Der reagiert überhaupt nicht. Versuchen wir es einmal anders«, sagte Gerd und fing an, wild mit den Armen zu wedeln. Nach einer Weile sah der Alte zum Fenster und zuckte zusammen. Dann erhob er sich langsam und kam zur Tür, die laut quietschte, als er sie öffnete. »Guten Abend«, begann Kurt. Der Mann griff sich an die Ohren und schüttelte den Kopf.

»Das heißt wohl, dass Sie taub sind?« fragte Kurt, bekam aber keine Antwort. Vielmehr winkte der Alte die beiden herein und bedeutete ihnen, sich zu ihm an den Tisch zu setzen. Er schob ihnen das Brot und den Schinken hin, ging dann zu einem Schrank und kramte zwei Gläser heraus, in die er Wasser aus einer Kanne goss.

Kurt und Gerd aßen gierig und versuchten, mit Händen und Füßen, wie es so schön heißt, zu erzählen, wie sie in diese Gegend gekommen waren. Dabei deuteten sie immer wieder auf ihre Fußbälle, die sie neben die Tür an die Wand gelegt hatten. Der Taube schmunzelte vergnügt. Schließlich stand er auf und winkte den beiden, ihm zu folgen. Er führte sie in einen Nebenraum.

Dort lagen vier mit Stroh gefüllte Säcke auf dem Boden. Darauf zeigte er.

»Du, ich glaube, der meint, wir können hier schlafen«, sagte Gerd zu Kurt. Der ließ sich gleich fallen und der Alte nickte zustimmend. Dann verschwand er wieder in der Küche. Gerd schlich auf Zehenspitzen hinter ihm her. Der Mann fasste die Fußbälle an. Fast schien es, als streichele er sie. Ein Lächeln ging über sein Gesicht. Gerd schlich zu seinem Strohballen und sagte: »Ich glaube, der träumt von seiner Jugend.«

Kurt antwortete mit einem leisen Schnarchen.

Am nächsten Morgen beschlossen die beiden Freunde, weiterzumachen. Per Handy informierten sie ihre Familien, stießen dabei aber nicht auf Verständnis. Die fanden, es sei egal, ob einer der Bälle weiter flöge als der andere. Außerdem waren sie sauer, dass die Beiden sich nicht schon am Abend vorher gemeldet hatten.

Auch am folgenden Tag setzten Gerd und Kurt ihre Fußball-Schießerei fort. Dieses Mal fanden sie abends einen Bauern, der probieren wollte, wie weit er die Bälle schießen konnte.

»Die treten sich beide gleich«, stellte er nach einigen Versuchen trocken fest. »Und die fliegen auch beide gleich weit. An eurer Stelle würde ich nach Hause zurückkehren.«

»Da schlafen wir noch einmal drüber«, meinte Gerd und sah, wie Kurt bei der Bemerkung grinste.

Am darauffolgenden Tag machten sie weiter und am folgenden Tag auch. Und so vergingen Wochen, dann

Monate und schließlich waren elf Jahre ins Land gegangen, ohne Ergebnis. Anfangs hatten sie sich noch regelmäßig bei ihren Familien gemeldet, hatten sich auch von zu Hause berichten lassen. Da glaubten sie noch, bald herausgefunden zu haben, welcher der Bälle weiter fliegt. Mit der Zeit aber war das Interesse an den Menschen zu Hause geschwunden. Mit ihnen hatten sie immer weniger Berührungspunkte. So fehlte auch der Gesprächsstoff.

Immer häufiger nagten an Kurt Zweifel, dass einer der Fußbälle tatsächlich weiter als der andere fliegen könnte. Eines Tages beschloss er deshalb, umzukehren und gab Gerd seinen Ball.

»Auf bald«, sagte Gerd, als sie sich voneinander verabschiedeten. »Wenn ich beide Bälle trete, werde ich schnell herausfinden, welcher weiter fliegt.«

Als Kurt gegangen war, sann Gerd darüber nach, ob auch er nach Hause zurückkehren sollte. Doch er wusste, die Hoffnung, sein Ball könnte weiter fliegen, würde ihn immer wieder antreiben. Tag für Tag würde er wieder aufstehen und die überflüssigen Tritte nach den Fußbällen fortsetzen.

Der Mantel

Vor einem Jahr waren sie aufs Land gezogen, Luise und Walter mit ihrer zehnjährigen Tochter Marion. Hier waren die Mieten erheblich niedriger als in der Großstadt und der Vater hatte gehofft, in der Landwirtschaft der Umgebung eine Arbeit zu finden, die das Auskommen der Familie sicherte.

Leider hatte sich die Familie nur mit Aushilfsbeschäftigungen über Wasser halten können und zum Monatsende wurde die Schließung der Fischfabrik des Ortes erwartet, wodurch noch mehr Arbeitslose auf den Markt geworfen würden.

Im Sommer hatte kein dringender Bedarf an Kleidung bestanden, denn es war anhaltend heiß gewesen und Marion war zudem immer barfuß gelaufen. Ab November aber kamen eisige Winde vom Meer herüber, es gab den ersten Nachtfrost und allen war klar, dass ein bitter kalter Winter bevor stand. Mutter und Vater würden sich wohl mit den alten Wintersachen behelfen können, für das Kind jedoch musste unbedingt ein warmer Mantel her. Aber wovon wollten sie ihn bezahlen?

Da hatte Luise die Idee, es bei einem Second-Hand-Laden zu probieren. Sie hatte ganz in der Nähe einen in

Erinnerung. Sie nahm einen Geldschein aus einem Versteck im Küchenschrank und ging dorthin.

Es war ein großer Laden, der über zwei Schaufenster verfügte. Ihr Blick fiel auf einen weinroten Mantel, der die Größe zu haben schien, die sie für Marion brauchte. Luise öffnete die Tür. Eine Glocke kündigte sie als Kundin an und sofort erschien die Inhaberin, eine etwa fünfzigjährige Frau mit dunkler Kurzhaarfrisur und resolutem Gesichtsausdruck. Sie lächelte Luise routiniert an und fragte: »Womit kann ich Ihnen dienen?«

»Ich brauche einen Wintermantel für meine Tochter. Sie ist zehn Jahre alt und ungefähr so groß.«

Sie zeigte dabei die Größe mit einer Handbewegung und fügte hinzu: »Draußen im Schaufenster haben Sie einen Mantel, einen weinroten …«

»Ja«, antwortete die Ladeninhaberin, »der könnte für die Größe Ihrer Tochter passen. Ich hole ihn aus dem Schaufenster.«

Als die Frau mit dem Mantel zurückkam, musste Luise ihn anfassen, immer wieder. Er war aus wunderbar weichem Material. Er würde Marion auf ihrem langen Schulweg wärmen, denn für eine Busfahrkarte hatte die Familie kein Geld.

»Was soll er denn kosten?« fragte sie zaghaft. Die Ladeninhaberin sah sie abschätzend an und sagte dann: »Fünfundzwanzig Euro. Dafür bekommen Sie allerbeste Qualität!«

Schweren Herzens holte Luise ihren Fünfzig-Euro-Schein aus der Tasche. Als die Ladeninhaberin den sah, fügte sie hinzu: »Allerdings müssen Sie bedenken, dass er zwei aufgesetzte Taschen hat und wenn Ihre Tochter da ständig ihre Hände hinein tut, beulen sie aus. Das sieht dann schlimm aus. Sehen Sie mal.«

Sie raffte Papierschnipsel von der Ladentheke und stopfte sie in die Manteltaschen, die dadurch vom Mantel abstanden. Die Geschäftsfrau schien sich zu ärgern, dass sie nicht einen höheren Preis genannt hatte. Sie hatte wohl nicht vermutet, dass die ärmlich aussehende Frau einen Fünfzig-Euro-Schein bei sich haben könnte. Luise ließ sich aber nicht beirren. Sie leerte die Manteltaschen und legte den Fünfzig-Euro-Schein mit den Worten hin: »Ich nehme ihn.«

Die Ladeninhaberin riss ärgerlich die Kasse auf und gab fünfundzwanzig Euro zurück. Dann murmelte sie noch ein unfreundliches: »Auf Wiedersehen«.

Luise eilte mit dem Mantel davon. Zu Hause sah sie sich den Mantel noch einmal genau an. Dabei griff sie auch wieder in die Manteltaschen. In einer fühlte sie ein Stück Papier. Sie nahm es heraus und wollte es schon wegwerfen – da bemerkte sie, dass es sich um ein Rubbellos handelte, wie man es in Zigarettengeschäften kaufen kann. Es war neu, noch nicht abgerubbelt!

Sie legte den Mantel über die Lehne eines Küchenstuhls, setzte sich auf einen anderen und begann mit Hilfe eines Löffelstiels das Los abzurubbeln. Zwei Felder waren identisch, jetzt fehlte noch das dritte. Sie rubbelte mit zitternden Händen. Und dann sah sie, dass auch das dritte Feld so aussah wie die beiden anderen. Gewonnen! Aber was?

Auf der Rückseite stand es. Hauptgewinn 2.000 Euro. Luise konnte es nicht fassen. Aufgeregt wartete sie auf die Rückkehr ihres Mannes, der zum Hafen gegangen war, um sich nach einem Job umzusehen. Endlich! Er kam heim. Abgespannt sah er aus.

»Sieh mal, Walter!«, rief sie und hielt ihm das Los unter die Nase.

Er sah sie fassungslos an und fragte: »Woher hast du das?«

Nun erzählte sie ihm, wie sie an das Los gekommen war. In ihrem Ärger hatte die Ladeninhaberin offenbar das Los mit gegriffen und in die Manteltasche gesteckt. Die Mutter hatte es beim Leeren der Taschen im Laden nicht bemerkt.

Jetzt konnten Luise und Walter auch noch anständige Winterschuhe für Marion kaufen und zum ersten Mal seit Jahren würde die Familie am Weihnachtsabend ein Festmahl auf dem Tisch haben. Mutter und Vater umarmten sich und Walter sagte gerührt: »Das Los ist ein Geschenk des Himmels.«

Die Wolke

»Auf zum Brombeerhügel!«

Das ließ sich Kurt nicht zweimal sagen, stoppte abrupt sein Feuerwehrauto, sodass winzige schwarze Spuren der Reifen auf dem Parkettboden zurückblieben und rannte mit einem: »Juhu«, zu seinem Vater, der lächelnd im Flur auf ihn wartete.

Dieser kleine Berg war die einzige Erhebung nahe dem Siedlungshäuschen der Familie. Kurt fand die Aussicht von dort total spannend, konnte er doch Nachbarn sehen und sich immer wieder wundern, wie klein die aussahen.

An dem Tag schien die Sonne und es wehte kein Lüftchen. Ein paar weiße Wolken hingen wie kleine Schafe am Himmel. Der Fünfjährige lief eine Zeit lang neben seinem Vater her, begann plötzlich zu rennen und verschwand bald aus dem Sichtfeld des Vaters.

Als der ihn nicht mehr sah, rief er, und nachdem er mehrmals mit immer lauterer Stimme gerufen hatte, sein Sohn aber nicht zurückkam, begann auch er zu rennen. Er stolperte über Baumwurzeln, griff in Brennnesseln, um sich festzuhalten, spürte einen stechenden Schmerz an den Händen, erreichte schließlich außer Atem das kleine Plateau auf dem Hügel, das von einem dichten Grasteppich bedeckt war.

»Kurt, was machst du denn? Warum hast du mir nicht geantwortet?«, brachte er besorgt und erbost zugleich hervor, als er den Jungen im Gras sitzen sah.

»Komm her, Papa, setzt dich zu mir und hör zu.«

Der Vater ließ sich neben dem Kind nieder und lauschte, aber es gelang ihm nicht, irgendein Geräusch zu hören.

»Hast du das verstanden? Ich glaube, die Wolke hat gesagt – komm mit mir – oder?«, Kurt deutete mit dem Kopf auf eine sehr kleine Schäfchenwolke, blickte dann fragend zu seinem Vater.

»Nein, ich höre nichts«, meinte der und schaute seinen Sohn nachdenklich an. Als er sah, wie dessen Lippen unhörbar Worte formten, wurde er blass. Oft schon hatte er die alt eingesessenen Leute des Ortes im Gasthaus über eine mysteriöse Wolke sprechen hören, meist mit gesenkter Stimme. Sie fürchteten sie. Vor Jahren, so wurde gemunkelt, sei ein junger Mann von ihr verschluckt worden und nie wieder aufgetaucht. Einige Wochen vorher soll er sich mit der Wolke unterhalten haben.

Den Vater fröstelte. Er holte tief Luft und sprach mit ruhiger Stimme: »Komm, lass' uns nach Hause gehen.«

Mit diesen Worten stand er auf, packte seinen Sohn am Arm, der sich nur widerwillig hochziehen ließ und begann, mit ihm den Berg hinunterzurennen. Das Kind wirkte aufgeregt und verstört, sagte auf dem Heimweg nicht ein einziges Wort.

Zu Hause angekommen, wandte sich der Vater mit ernstem Gesicht an seinen Sohn: »Du gehst nicht noch einmal auf den Brombeerhügel, aus keinem Grund der Welt. Das musst du mir versprechen. Der Berg ist nichts für dich, Kurt. Er tut dir nicht gut.«

Von da an saß das Kind regelmäßig in seinem Zimmer am Fenster und schaute jeder Wolke nach.

Als der Junge vierzehn Jahre alt war, gingen seine Klassenkameraden im Sommer zu dem Hügel, um dort die Brombeeren zu sammeln, die ihm seinen Namen gegeben hatten. Am Fuß des Berges wucherten sie nur so, und fleißige Sammler schleppten die Früchte eimerweise weg. Dass Kurt nicht mitgehen durfte, konnte keiner seiner Freunde verstehen.

»Was soll denn da schon passieren?«, fragten sie.

Und: »Wir gehen zu fünft dorthin. Wegkommen kannst du nicht. Wir sind doch bei dir.«

Oder: »Hier pflückt jeder Brombeeren. Die sind noch nie jemandem schlecht bekommen.«

Der Junge wusste auch nicht so recht, warum er dem Hügel fern bleiben sollte, hatte von seinem Vater immer nur zu hören bekommen, dass es für ihn nicht gut sei, auf den Berg zu steigen, und dass es besser sei, nicht mehr darüber zu wissen, was Kurts Neugier allerdings eher beflügelte.

Und so schlich er an einem frühen Samstagmorgen auf das Plateau hinauf. Oben angekommen, ließ er sich auf dem Gras nieder, über das Nebelschwaden zogen, deren Feuchtigkeit kalt durch Kurts Jacke drang.

»Da kommt eine auf mich zu!«, durchfuhr es ihn, und er empfand eine große Freude bei dem Gedanken.

Er streckte eine Hand aus, um die kleine Wolke, die sich ihm genähert hatte, zu berühren. Sie sah dicht und weiß wie ein Wattebausch aus.

»Komm mit mir«, hörte er sie flüstern.

»Aber wie?«, fragte Kurt.

»Steh' auf und spring«, lautete die Antwort.

Kurt zögerte, sah um sich. Er befand sich mitten auf dem Plateau, genau wie die Wolke. Was sollte schon passieren, wenn er sprang? Er erhob sich, ging langsam ein paar Schritte zurück, nahm Anlauf, lief auf den dichten weißen Nebel vor sich zu und sprang. Gleichzeitig hielt er die Luft an. Insgeheim fürchtete er sich davor, hindurchzufallen und hart auf dem Boden aufzuschlagen. Stattdessen fühlte er ein weiches Abfedern. Er empfand Leichtigkeit. Als er versuchte, zuzugreifen, hatte er nichts in der Hand. Er spürte, wie ihm warm wurde, wie in eine Decke gehüllt, die die kalte Feuchtigkeit von ihm abhielt.

Mit einem Schwung flog die Wolke weg vom Brombeerhügel zum Ort hin. Kurt sah sein Elternhaus von oben, erkannte den Postzusteller, der Briefe einwarf. Dann flog die Wolke einen Bogen, zurück zum Berg, und dort ließ sie den Jungen auf das Plateau hinausgleiten und entfernte sich langsam. Kurt stand wie verzaubert da, winkte ihr zaghaft nach, und es kam ihm vor, als hätte sie sich für einen Moment zusammengezogen. Er empfand eine tiefe innere Freude. Den ganzen Tag über lag ein unwillkürliches Lächeln auf seinem Gesicht, sodass er immer wieder gefragt wurde, was ihm denn Schönes widerfahren sei.

»Ach, nichts«, antwortete er dann, und seinem Vater ging er aus dem Weg, so gut er konnte. Der sah ihn forschend an, wenn sie sich begegneten, fragte aber nichts.

Seitdem fühlte sich Kurt von der Wolke wie magisch angezogen. In den folgenden Jahren ließ er keine Gelegenheit aus, sich ungesehen zum Brombeerhügel zu schleichen und dort seine Wolke zu treffen und mit ihr ein bisschen zu fliegen. Ob sein Vater Verdacht geschöpft hatte? Kurt wusste es nicht, bemerkte aber dessen misstrauische Blicke, und als er sich entschied, nach dem Abitur Jura zu studieren, sorgte sein Vater für ein umwerfend schönes Apartment im Zentrum einer kleinen Stadt mit juristischer Fakultät, weit weg von zu Hause.

Abgelenkt von der neuen Umgebung, dachte Kurt nicht mehr an die Wolke. Von nun an arbeitete er während der Semesterferien einige Zeit, um sein Taschengeld aufzustocken. Die letzten drei Wochen nahm ihn sein Vater immer in weit entfernte Länder mit auf Reisen.

»Später, wenn du eine eigene Familie gegründet hast, kommst du da nicht mehr hin«, sagte er jedes Mal.

Nur einmal kam Kurt während des Studiums nach Hause. Edgar, ein Kommilitone, nahm ihn in seinem Auto mit. Seinem Vater hatte Kurt den Besuch nicht angekündigt. Er wollte ihn überraschen.

Als sie sich dem Brombeerhügel näherten, begann Kurts Herz wild zu pochen. Am blauen Himmel war eine einzige Wolke zu sehen, sie schien direkt über dem Plateau zu hängen. Kurt hatte den Eindruck, sie pulsiere. Verstohlen schaute er zur Seite, aber Edgar blickte geradeaus auf die Fahrbahn.

Kurt befiel ein mulmiges Gefühl. Die Wolke wartete auf ihn! Und es zog ihn zu ihr. Dieses Empfinden von Sehnsucht machte ihm so sehr Angst, dass er beschloss, nicht zum Hügel zu gehen. Kaum aus Edgars Wagen ausgestiegen ging er deshalb mit schnellen Schritten in Richtung Bahnhof. Als Kurt zwei Stunden später in einem Zug auf der Rückfahrt zu seinem Studienort saß, verließ ihn ganz allmählich dieser Druck in der Magengegend.

Kurt konzentrierte sich von da an auf sein Studium, das er bald darauf mit Bravour abschloss. Als er auch die Referendarzeit hinter sich hatte, fand er am Studienort eine attraktive Anstellung. Hier fühlte er sich wohl, hatte Freundschaften geschlossen, die erste Liebe erlebt und den Gedanken an die Wolke verdrängt.

Eines Tages begegnete er auf dem Nachhauseweg einer schlanken, brünetten jungen Frau. Als er ihr in ihre hellbraunen Augen blickte, war es um ihn geschehen. Sie hieß Silvia. Auch sie hatte sich sofort in Kurt verliebt.

Die Beiden verbrachten jede freie Minute miteinander, nahmen sich bald darauf eine gemeinsame Wohnung und beschlossen schließlich zu heiraten. Zuerst teilten sie ihren Entschluss Silvias Eltern mit, dann machten sie sich mit ihrem neu erstandenen, ersten gemeinsamen Auto auf den Weg zu Kurts Vater. Und je näher sie an den Ort heran kamen, umso stärker drängte die Wolke ins Bewusstsein von Kurt.

»Ich muss das beenden!«, rief er entschlossen und schlug dabei mit einer Faust auf das Steuer.

»Was denn?«, fragte Silvia erschrocken und sah ihn von der Seite forschend an.

»Ach, nichts«, murmelte er verlegen. »Ich muss nur unbedingt einmal auf den Brombeerhügel steigen. Ich setze dich im Café Otto ab und fahre dorthin. Dann hole ich dich dort ab, und wir fahren zu meinem Vater.«

»Kann ich nicht mitkommen?«, fragte Silvia verwundert.

»Nein. Ich muss alleine gehen.«

Als Kurt wenig später den Berg hinaufstieg, pochte sein Herz so sehr, dass er innehalten musste, um sich ein wenig zu beruhigen. Oben angekommen, sah er die Wolke, und nun geschah etwas Seltsames. Sie bewegte sich heftig, bis sie wie ein Herz aussah.

Kurt war, als fiele ihm eine Last von den Schultern. Er lächelte erleichtert und rief: »Du weißt es also schon? Hier, sieh, das ist Silvia«, und mit diesen Worten zog er ein Foto aus seiner Jackentasche und hielt es ihr hin. Daraufhin fiel die Herzform mit einem Jaulen in sich zusammen. In dem Moment begriff Kurt: Die Wolke war in ihn verliebt.

»Das geht doch nicht«, dachte er, spürte, wie er weiche Knie bekam, holte tief Luft, sah auf und rief, so entschlossen er nur konnte: »Es tut mir leid. Es tut mir wirklich unendlich leid, aber ich werde diese Frau heiraten.«

Da verfärbte sich der weiße Nebel, wurde rosa und begann zu säuseln. Kurt war, als höre er: »Bitte komm' mit mir.«

»Nein, nein, nein!«, rief er energisch. »Sieh das ein!«

So ging das eine ganze Weile weiter. Schließlich rief Kurt mit Ärger in der Stimme: »Lass mich in Ruhe! Ich kann mich doch nicht an eine Wolke binden. Herrje, das musst du begreifen. Also lass mich zufrieden!«

Mit diesen Worten drehte er sich abrupt um, begann zu rennen, ohne noch einmal einen Blick hinter sich zu werfen, wollte nur weg, fühlte sich innerlich zerrissen. Unterwegs blieb er am ersten Grundstück des Ortes stehen, das auf seinem Weg lag, lehnte sich an den Gartenzaun und atmete tief durch, um sich zu beruhigen. Als er schließlich das Café Otto betrat, um Silvia abzuholen, war ihm die Aufregung nicht mehr anzumerken.

In der darauf folgenden Nacht wurde er wach. Als er die Augen öffnete, sah er rosa. Er erschrak, sprang aus dem Bett, lief barfuß zum Fenster, riss es weit auf und hörte wieder dieses Säuseln: »Bitte komm' mit mir.«

»Nein«, knurrte er. »Verschwinde. Lass mich endlich in Ruhe, du rosa Luftgebilde, du Nichts!«

Er schloss schnell das Fenster und zog den Vorhang zu. Silvia, die im Nebenraum übernachtete, hatte sicherlich nichts gehört, hoffte er und fiel in einen unruhigen Schlaf.

Als er am nächsten Morgen durchs Fenster schaute und keine Wolke am Himmel entdeckte, legte sich seine Nervosität. Dennoch drängte der Gedanke an das Gebilde, mit dem er als Kind so gern über die Dörfer geflogen war, auch in der nächsten Zeit immer wieder in sein Bewusstsein, sogar als er längst mit Silvia wieder nach Hause zurückgekehrt war. Und nachts passierte es ihm oft, dass er voller Unruhe aufwachte. Obwohl er die Wolke nicht mehr sah, fühlte Kurt sich von ihr verfolgt. Ihm war, als lauere sie irgendwo. Es fiel ihm schwer, Silvia zu verheimlichen, wie sehr ihn diese Wolke anzog und ihm gleichzeitig Angst machte.

Das junge Paar beschloss, in Kurts Heimatort zu heiraten. Die Zeit bis dahin verging wie im Flug, und Kurt begann zu glauben, die Wolke abgeschüttelt zu haben, zumal sie nicht zu sehen war, als das Paar einen Tag vor der Hochzeit am Brombeerhügel vorbeifuhr.

Am Tag darauf sollte die standesamtliche Vermählung um zehn Uhr und anschließend die kirchliche Trauung in der kleinen Pfarrkirche stattfinden, und danach war eine große Feier im Garten des nahegelegenen Gasthauses vorgesehen.

Um viertel vor zehn warteten Kurt und die Hochzeitsgäste vor dem Standesamt auf das Eintreffen der Braut. Ihre Mutter trug ein pfirsichfarbenes Kostüm und einen breitkrempigen, lila Hut. Ihre Freundin, Elfriede, hatte ein knöchellanges, giftgrünes Kleid mit langen engen Ärmeln an. Ihre üppigen roten Locken waren unter eine dunkelgrüne Kappe gepresst.

Kurts Vater und sein zukünftiger Schwiegervater trugen die gleichen Nadelstreifen-Anzüge und hatten schwarze Lackschuhe an. Sie standen mit einem erwartungsvollen Lächeln um die Lippen stumm nebeneinander.

Plötzlich verdunkelte sich der Himmel. Eine dichte Nebelwand schwebte auf die Gesellschaft hinunter und dann ging ein Prasselregen auf sie herab. Kurt klebte der Anzug am Körper. Der Hut von Silvias Mutter tropfte lila Flecken auf ihr pfirsichfarbenes Kostüm. Die dunkelgrüne Kappe ihrer Freundin war verrutscht und drohte, ihr vom Kopf zu fallen. Ihre Locken hingen schlaff an ihrem Kopf herunter. Beide Frauen schluchzten. Die Väter standen wie Statuen da.

Es hörte schlagartig auf zu regnen, der Nebel wurde immer heller und verfärbte sich schließlich rosa. Gerade in dem Moment, als der mit Sonnenblumen geschmückte Wagen der Braut vorfuhr, nahm die Wolke eine Herzform an. Kurt erstarrte. Die Farbe wich ihm aus dem Gesicht. Tief in seinem Inneren fühlte er sich zu dieser Wolke hingezogen und ein unbeherrschbarer Impuls trieb ihn dazu, plötzlich auf sie zuzulaufen und in sie hineinzuspringen.

Zurück blieb eine Hochzeitsgesellschaft, die stumm hinter dem Nebelherz her starrte, das sich langsam entfernte.

Kieselsteine

An der weißen Wand des Einfamilienhauses rankten dunkelrote Rosen. Es war Sommer. Die Eingangstür stand weit offen und gab den Blick frei auf ein Licht durchflutetes Wohnzimmer, dessen Einrichtung vom auserlesenen Geschmack seiner Bewohner zeugte. Das Haus war umgeben von einem mediterran anmutenden Garten, der von Kies bedeckten Wegen durchzogen wurde. Hier und da standen riesige Terrakottatöpfe, die zu jeder Jahreszeit prächtige Blüten- oder Grünpflanzen enthielten und eine Augenweide waren.

Zu der dreizehnjährigen Tochter Lisa kamen regelmäßig Kinder aus der Nachbarschaft und aus ihrer Schulklasse, und dann war weithin Lachen zu hören und die Freude zu spüren, die die Kinder miteinander erlebten. Auch die Eltern, Kurt und Maria Schmitter, bekamen oft Besuch und waren im Wohnviertel sehr beliebt.

Als sie eines Abends mit einem Glas Rotwein vor sich gemütlich auf ihrer Couch saßen und gespannt den Fernsehkrimi sahen, sprang plötzlich die Wohnzimmertür mit einem dumpfen Knall auf. Dann stürzte Lisa herein, im Schlafanzug, mit nackten Füßen und zerzausten Haaren. Entsetzen stand in ihrem Gesicht.

»Mama«, rief sie und ließ sich in die Arme ihrer Mutter fallen, die sofort hochgesprungen und zu ihr gelaufen war.

»Beruhige dich, wir sind ja bei dir«, sagte Maria Schmitter zu ihrer Tochter und strich ihr dabei zärtlich über den Kopf. Lisas Vater schaltete den Fernseher sofort aus und sah beunruhigt zu seiner Frau und seiner Tochter, die zitterte und schluchzte. Endlose Minuten verstrichen. Dann endlich löste sich Lisa von ihrer Mutter, strich sich die Haare aus der Stirn und begann zu sprechen.

»Ich war schon eingeschlafen und wurde durch ein Geräusch geweckt. Es hatte sich angehört als hätte jemand einen Stein gegen mein Fenster geworfen. Und dann, und dann«, fuhr sie aufgeregt fort, »war da ein Kichern zu hören. Das hat sich so nah angehört, als käme es von meinem Fensterbrett. Aber mein Zimmer ist doch im ersten Stock! Da kann doch niemand hochklettern, oder?«

»Nein, bestimmt nicht«, beruhigte sie ihr Vater. »Hast du denn etwas gesehen, Lisa?«

»Nein«, antwortete sie. »Das Kichern war so widerlich und so nah. Das machte mir Angst. Da bin ich sofort aus dem Bett gesprungen und zu euch gelaufen.«

»Komm, jetzt setzen wir uns erst einmal hin«, schlug Lisas Mutter vor und ging vor ihrer Tochter zum Sofa, auf das sie sich nebeneinander setzten.

»Ich gehe dann mal nach oben und schaue nach, was die Geräusche verursacht haben könnte«, sagte ihr Vater.

Genau in dem Augenblick ertönte deutlich hörbar eine Art Klicken vor der Haustür. Kurt Schmitter lief hin, öffnete sie vorsichtig, schaute einen Moment suchend nach draußen. Dann sagte er: »Da ist ein weißer Kieselstein, der auf unserer Eingangstreppe herum hüpft. Das müsst ihr euch ansehen! Schnell. Jetzt hüpft der Stein vom Haus weg, den Weg hinunter. Nun biegt er rechts ab. Maria, Lisa, wo bleibt ihr denn? Jetzt ist er in einem hohen Bogen über die Hecke auf den Kieselsteinweg des Nachbargrundstücks gehüpft. Ich konnte das Aufprallen hören.«

Nun endlich hatten sich Lisa und ihre Mutter an die Tür getraut. Inzwischen bewegte sich aber nichts mehr, kein Geräusch war zu hören, und durch die dichte Buchsbaumhecke konnte man ohnehin nichts sehen.

Eltern und Tochter verbrachten die Nacht unruhig. Am Tag darauf folgte banges Warten auf den Abend.

Lisa hatte alle Kinder weggeschickt, die gekommen waren, um mit ihr zu spielen. Ihr sei nicht gut, hatte sie gesagt. Sie konnte sich auf nichts konzentrieren, hatte ihre Hausaufgaben am späten Nachmittag immer noch nicht fertig.

Als es dunkel geworden war, hörten sie es wieder, das Klicken auf der Treppe vor der Eingangstür. Sie rannten alle drei zur Tür. Der Vater öffnete sie langsam. Dieses Mal hüpften zwei Kieselsteine auf den Stufen auf und ab, als tanzten sie miteinander. Dabei war ein ganz leises Kichern zu hören. Dann verschwanden sie wie am Abend zuvor.

So ging es weiter. Von Nacht zu Nacht wurden es immer mehr Kieselsteine. Die Schmitters hielten von da an die Haustür immer fest verschlossen und luden sich keinen Besuch mehr ein. Die Nachbarn begannen zu tuscheln, bis Einer die tanzenden Kieselsteine entdeckte. Inzwischen waren es an die zehn Stück. Von da an fanden sich Abend für Abend Gaffer ein. Schließlich erschienen Reporter der Lokalpresse und des Fernsehens und berichteten über die mysteriösen Steine, die sich nicht einfangen ließen. Sobald jemand nach ihnen griff, sprangen sie in einem hohen Bogen weg und landeten auf dem Grund des Nachbarn, der sich weder sehen ließ noch auf Klingeln reagierte.

Aber die Schmitters sah man hinter der Gardine. Sie ließen sich jedoch nicht interviewen. War das normal? Oder eher verdächtig? Gerüchte machten die Runde. Eltern und Tochter wurden gemieden. Schließlich kam ein Brief von der Schule, der ihnen mehr oder weniger nahelegte, Lisa auf eine andere Schule zu schicken. Die Begründung war fadenscheinig.

Schweren Herzens gaben Kurt und Maria Schmitter ihre Arbeitsstellen auf, zogen in eine kleine Mietwohnung in einer anderen Stadt, nahmen schlecht bezahlte Arbeitsstellen an und schickten Lisa dort zur Schule. Das schöne Haus ließen sie zurück. Niemand wollte es kaufen.

Im Winter darauf erfroren die Rosen, die an der Hausmauer hochrankten. Aus den Terrakottatöpfen schauten vertrocknete Pflanzenteile heraus, denen selbst der Schnee kein sanftes Aussehen verleihen konnte. Als das Frühjahr kam, begannen wilde Pflanzen und Kräuter zu wuchern. Die weiße Farbe des Hauses platzte an einigen Stellen ab. Das Grundstück und das Haus wurden dem des Nachbarn immer ähnlicher.

Der saß oft in seinem Haus im Flur hinter der Eingangstür in einem abgewetzten Sessel. Ursprünglich musste der Sesselbezug wohl einmal dunkelgrün gewesen sein. Inzwischen sah er graubraun aus. Die Luft roch modrig. Licht fiel lediglich durch die Spalten der herunter gelassenen Außenjalousie eines kleinen Flurfensters ein.

In der linken Hand hielt der Mann eine Weinflasche, aus der er hin und wieder einen Schluck nahm. Leere Weinflaschen standen und lagen überall herum.

In der rechten Hand hatte er eine Fernbedienung. Ab und zu drückte er darauf und dann sprangen drei weiße Kieselsteine vor ihm auf dem abgetretenen, grauen Steinfußboden herum. Bei diesem Anblick lehnte er sich zufrieden in dem Sessel zurück und kicherte.

Jonas

Er aalte sich auf, ja, auf was eigentlich? Eine Wolke war das nicht, auch kein Nebel. Ein Dunst? Unsichtbar, und doch fiel Jonas nicht heraus. Überall um ihn herum saßen, lagen, hockten schemenhafte Gestalten, die wie er weiße Schlafanzüge trugen. Später wollte er zu ihnen gleiten, mit ihnen reden. Im Augenblick hatte er nur ein Bedürfnis: schlafen, endlich ausschlafen!

Zwei schlimme Jahre lagen hinter ihm, in denen Nacht für Nacht Gedanken durch seinen Kopf gepeitscht waren. Das Gefühl der Ohnmacht hatte ihn nicht zur Ruhe kommen und keinen Schlaf finden lassen. Nun aber konnte er schlummern. Er fühlte eine wohlige Wärme, erlebte noch einmal dieses Schweben, das ihn nach oben getragen hatte.

Sein Leben lang war Jonas von der Existenz Außerirdischer überzeugt gewesen. Jetzt gehörte er selbst dazu.

»Was tun die bloß?«, fragte er sich, als er ausgeruht hatte. Er stand vorsichtig auf. Der Dunst trug ihn. Gerade wollte er versuchen, mit Schwimmbewegungen voranzukommen, da sah er einen Anderen – fliegen, mit fast durchsichtigen Flügeln. Jonas hielt inne, griff auf seinen Rücken. Tatsächlich, dort ertastete er Federn. Instinktiv drückte er seine Arme angewinkelt an sich –

schon öffneten sich seine Flügel.

»Ich kann fliegen«, dachte er und los ging's, wenn auch zuerst ein wenig unsicher. Schließlich hielt Jonas mit einem: »Juhu!«, im Dunstkreis seines Nachbarn an, der ihn verständnisvoll anlächelte.

»Entschuldige, dass ich hier so einfach lande. Ich bin Jonas. Das war mein erster Flug. Was für ein tolles Gefühl!«

»Ja, finde ich auch. Ich heiße übrigens Gerhard.«

»Angenehm. Erzähl mir bitte, wie es hier so zugeht, wohin wir fliegen können, was wir als Außerirdische den ganzen Tag tun«, sprudelte Jonas los.

Gerhard stutzte, schluckte, begann dann zu lachen: »Normalerweise werden wir als Engel bezeichnet.«

Jonas klappte enttäuscht das Kinn nach unten. Er starrte den Anderen an, begann dann auch zu lachen, bis ihm die Tränen kamen. Als er sich beruhigt hatte, fragte er: »Was also machst du so, du und die anderen Engel?«

»Ich bin als Kontakter für den Wind zuständig.«

»Was heißt das?«

»Wir treffen uns in regelmäßigen Abständen. Er sagt mir, wo er zum Sturm werden will. Ich prüfe, wie groß der Schaden voraussichtlich sein wird und ob womöglich Menschen verletzt werden könnten. Wenn das der Fall ist, versuche ich ihn zu überreden, von seinem Plan abzulassen.«

Jonas sah nachdenklich aus: »Sehr erfolgreich bist du dabei wohl nicht?«

»Leider macht der Wind oft, was er will«, gab Gerhard bekümmert zurück.

»Was tun die anderen Engel?«

»Die meisten sind Schutzengel, die aufpassen, dass den Menschen keine Unfälle passieren. Einige sind Gedankenspender.«

»Was machen denn die?«, fragte Jonas neugierig.

»Die senden Ratschläge nach unten.«

»Und die Leute hören darauf?«

»Na ja, meistens nicht«, gab Gerhard bedrückt zu.

»Weißt du, welche Aufgabe ich habe?«

»Nein. Du müsstest warten, bis einer der Oberengel dich zu sich ruft. In den ersten Tagen gönnen sie dir Eingewöhnungszeit.«

»Ach so«, murmelte der Neu-Engel enttäuscht. Nichtstun war nicht sein Ding. Also fragte er: »Wo finde ich die Oberengel?«

»Keine Ahnung. Die kommen auf uns zu, woher, das wissen wir nicht.«

»Dann mache ich mich auf die Suche«, meinte nun Jonas und flog los, aufs Gradewohl. Er glitt dahin. Durch Spalten in der Ozonschicht sah er hin und wieder die Erde. Er erkannte Südamerika, ein anderes Mal Europa. Während er nach unten starrte, achtete er nicht darauf, wohin er flog. So prallte er mit einem großen Engel zusammen. Hastig rief er: »Entschuldigung. Das tut mir leid.«

»Schon gut«, antwortete ihm eine sonore Stimme. »Was suchst du denn?«

»Einen Oberengel. Ich bin gerade erst angekommen und habe noch keine Aufgabe.«

»Gedulde dich, du wirst schon noch eine bekommen. Genieße bis dahin deine freie Zeit.«

Sprach's und war verschwunden. Jonas sah sich verdutzt um, aber nirgendwo entdeckte er eine Spur dieses großen Engels.

»Ob das ein Oberengel war?«, fragte er sich. Er trat den Rückflug zu seinem Dunst an, den er auch bald wiederfand. Nach der Landung setzte er sich, hielt Ausschau nach der Erde. Ihm wurde schläfrig. Er sank nieder, rutschte mit den Füßen weg und schwebte durch ein Loch in der Ozonschicht nach unten.

Jonas erwachte. Erschrocken sah er unter sich einen Schreibtisch stehen, an dem ein Mann saß, der in einen Block schrieb, blickte nach oben und stellte fest, dass er auf einem Lampenschirm hing. Vorsichtig glitt er auf den Boden, ging in eine Ecke des Raums, setzte sich dann auf ein Fensterbrett, um von dort aus den Schreibenden zu beobachten.

Abrupt wurde die Tür aufgerissen. Eine Stimme rief: »Zur Lagebesprechung! Sofort!«

Der Mann am Schreibtisch warf seinen Kugelschreiber hin, sprang wie aufgescheucht hoch, riss sein Jacket vom Stuhl, warf es sich über die Schultern und stürmte aus dem Raum. Die Tür knallte hinter ihm ins Schloss. Jonas war einen Moment lang verdutzt, dann bewegte er sich auf den Schreibblock zu.

Er las: »Ich gehe davon aus, dass diese Batterieanlagen nicht gewartet werden müssen. Bereits im vergangenen Jahr musste angeblich eine erneuert werden. Ich habe das seinerzeit unterbunden, und sie läuft immer noch. Somit steht fest, dass uns der Mann um fünftausend Euro für einen überflüssigen Wartungsaustausch prellen will. …«

»Ich gehe davon aus, dass …«, Jonas verzog die Mundwinkel. »Das liest sich wie eine Vermutung. Was, wenn die falsch ist? Vielleicht lässt sich im Internet etwas finden?«

Der ungesicherte PC auf dem Schreibtisch wartete nur darauf, benutzt zu werden. Doch leider machte der neue Engel hier eine unangenehme Erfahrung: Er konnte die Tasten nicht drücken. Ihm gelang es auch nicht, Papiere durchzublättern.

Da zog ein kleiner Ärger in ihm auf, verschwand aber sofort, als ihm eine Idee kam. Warum sollte er es nicht einmal mit Gedankenspenden versuchen? Er musste nur auf den Mann vom Schreibtisch warten. Bis der wiederkam, schwebte Jonas durch den Raum, um die Lampe herum, darunter hindurch, setzte sich auf den Schrank und freute sich über seine neuen Fähigkeiten.

Endlich öffnete sich die Tür und zwei Männer traten ein. Einer setzte sich hinter den Schreibtisch, der andere blieb davor stehen und sagte energisch: »Wir können also festhalten, dass die Rechnungen aus früheren Jahren, die auf Wartungsaustausch lauten, alle fingiert sind, Walter?«

»Ja, der Meinung bin ich. Die Batterien sind schließlich wartungsfrei.«

»Na ja, das ist die in meinem Auto auch. Trotzdem hält die natürlich nicht ewig und muss irgendwann einmal ersetzt werden.«

»Schon, schon, ich habe ja auch nicht angegeben, dass die Anlage nie ausgetauscht werden muss.«

»Stimmt«. Der Mann verließ den Raum.

Jonas rieb sich das Kinn. War das logisch, was er da gerade gehört hatte? Er schwebte über Walter und begann zu flüstern: »Sieh im Internet nach, ob diese Batterieanlage nach einer gewissen Zeit ausgetauscht werden muss. Sieh nach. Jetzt!«

Der Mann am Schreibtisch zuckte nervös mit den Schultern, dann mit den Fingern. Schließlich tippte er hektisch auf die Tastatur vor seinem Bildschirm, hielt inne und begann zu lesen. Jonas las mit: »Diese Batterien gleichen Stromschwankungen aus. Sie schützen dadurch EDV-Anlagen. Sie sind Verschleißteile, die alle drei bis fünf Jahre ausgetauscht werden müssen, abhängig vom Typ. Ansonsten sind sie wartungsfrei, das heißt, es muss kein Wasser nachgefüllt werden …«

»Na bitte!«, dachte der Engel.

In dem Moment fuhr der Mann seinen PC herunter. Er setzte seine Unterschrift unter die Behauptung, ein Wartungsaustausch sei überflüssig, riss das Blatt von seinem Schreibblock ab und stand auf.

Jonas blieb fast die Luft weg. Heiser und ziemlich laut flüsterte er: »Das kannst du nicht machen, jemanden vorsätzlich falsch beschuldigen! Sage die Wahrheit! Bitte!«

Dieses Mal ließ sich der Mann nichts suggerieren. Er verließ eilig den Raum. Jonas blieb verdattert zurück. Sein Gedankenspenden hatte nicht geklappt. Was sollte er jetzt tun? Er grübelte, kam aber nur auf die Idee, sich an Walter zu heften, sobald der wieder in seinem Büro erschien. Auf die Art würde er auf Kontaktpersonen treffen, die er vielleicht eher beeinflussen konnte.

Nach einiger Zeit öffnete sich die Tür. Walter war wieder da. Er holte seinen Mantel aus dem Schrank, zog ihn an und als er dieses Mal das Büro verließ, war Jonas direkt über ihm. Es ging durch lange breite Gänge hin zu einem Aufzug. Beim Einsteigen setzte der Engel unmerklich auf Walters Schultern auf, der das offensichtlich nicht bemerkte. Deshalb machte Jonas es sich bequem, lehnte sich am Kopf des Mannes an. Er gähnte. Die Müdigkeit übermannte ihn schließlich. Er schlief ein.

Als Jonas erwachte, hörte er aufgeregtes Stimmengemurmel unter sich. Er hing schon wieder über einer Lampe. Wie kam das denn bloß? Jonas schaute sich um. Er befand sich in einem fensterlosen Raum, in dem überall Teile, Stücke, Fetzen aus Metall herumlagen und auf dem Boden eine Lache aus grün-gelber Flüssigkeit zu sehen war.

Er glitt von der Lampe herab zu den debattierenden Leuten. Walter lag auf dem Boden. Sein Gesicht war verrußt. Jemand sagte: »Ich mache die Schadensmeldung wegen der explodierten Batterie. Der Krankenwagen kommt gleich.«

»Der wird ihm nicht mehr helfen können«, dachte der Engel und schwebte hinter dem Schatten her, der sich mehr und mehr von Walters Körper entfernte.

Die Bodenlose

Plopp machte es, als die kleine Lotte ihren Schnuller aus der Hand gleiten ließ. Ihr Arm hing locker aus dem Kinderwagen heraus. Mit der Hand machte sie Bewegungen, die entfernt an Dirigieren erinnerten.

Kaum war der Schnuller auf dem Boden gelandet, sprang ihre Mutter von der Couch hoch und hob ihn auf. Dann lief sie in die Küche, ließ Wasser darüber laufen, schüttelte ihn ab, kam zurück ins Wohnzimmer und steckte Lotte den Schnuller in den Mund.

Plopp machte es, als die kleine Lotte ihren Schnuller aus dem Kinderwagen warf. Gleich sprang ihre Mutter wieder von der Couch hoch, hob ihn auf, lief damit in die Küche, spülte ihn mit Wasser ab, kam zurück ins Wohnzimmer und steckte ihn Lotte wieder in den Mund.

Plopp machte es, als die kleine Lotte ihren Schnuller im hohen Bogen aus dem Kinderwagen warf. Sie juchzte vor Freude, als ihre Mutter wieder von der Couch hochsprang. So ging das den ganzen Nachmittag, die nächsten Tage und Wochen.

Nun wollte Lottes Mutter nicht immer aufspringen. Wenn sie sich aber nicht rasch genug erhob, verzog Lotte das Gesicht, begann zu weinen. Zuerst leise, dann immer lauter, bis sie schließlich wie eine Sirene heulte.

Spätestens nun erhob sich die Mutter – oder kaufte den Lutscher, den die kleine Lotte unbedingt haben wollte, oder das Eis, oder was auch immer.

Die Kleine wurde größer und kam schließlich in die Schule. Dass sie regelmäßig Hausaufgaben machen musste, gefiel ihr gar nicht. Häufig saß ihre Mutter zuerst neben ihr, dann alleine über den Heften. Lotte schimpfte oft über die Lehrer, die ihr nicht genug Zeit ließen, einen Text zu entziffern oder nicht warten wollten, bis sie mit den Fingern endlich ein Ergebnis gezählt hatte.

Die Mutter saß weiter an den Hausaufgaben, Lotte genoss das Fernsehprogramm, stopfte Erdnüsse, dicke Leberwurstweißbrote und Pommes mit Mayo in sich hinein und stellte eines Morgens fest, dass sie zu dick war. Ihre Jeans ließen sich nicht mehr schließen. »Mamma!« schrie sie. »Bring mir mal die Waage!«

»Das ist doch eine bodenlose Unverschämtheit von dir, mich wie deine Botin zu behandeln!« rief die und fügte leiser hinzu: »Ich werde dir den Hintern nicht mehr hinterher tragen!«, während Lotte dachte: »Dieses überflüssige Gewicht muss weg«.

Sie hatte noch die zu enge Jeans an, als sie plötzlich merkte, dass sie sie doch zumachen konnte. Sie fühlte sich auch leichter und schüttelte verwundert den Kopf, während sie einen Gürtel durch die Schlaufen zog. Dann schnappte sie sich ihre Schultasche und lief mit einem kurzen: »Tschüss« aus dem Haus.

Ihre Mutter schaute ihr aus dem Küchenfenster nach und erschrak. Wie sah ihr Kind denn aus? Das hatte ja gar keinen Hintern in der Hose, wie es so schön heißt. Sie öffnete das Fenster und rief: »Lotte! Lotte! Komm' zurück!«

Wie immer, jedoch, dachte ihre Tochter gar nicht daran, sich auch nur umzudrehen. So kam sie zehn Minuten später auf dem Schulhof an. Die meisten ihrer Mitschüler waren schon da. Lotte fiel auf, dass es überall ruhig wurde, wo sie auftauchte und ihr schien es, als höre sie Getuschel hinter ihrem Rücken, bis sie plötzlich eine Stimme rufen hörte: »Lotte Less, mit zwei S, mit ‚nem O, hat keinen Po, ho ho ho.«

Erschrocken blieb sie stehen, sah zuerst an sich herab, fasste dann dorthin, wo sich besagter Po befinden sollte und griff ins Leere. In dem Augenblick rief die Stimme: »Lotte Less, mit zwei S, mit ‚nem O, sucht den Po, weiß nicht wo.«

Panik erfasste das Mädchen. Sie drehte sich auf dem Absatz um und rannte los. Wohin, das wusste sie noch nicht, nur bloß weg von der Schule. Sie lief so lange durch die Straßen, bis sie zum Luft holen stehen bleiben musste.

Lotte sah sich um. Sie befand sich vor einem Park. Wenige Meter von ihr entfernt sah sie eine Bank. Darauf saß ein älterer Mann. Ihre Blicke kreuzten sich und sie hatte den Eindruck, die Augen zu kennen. Deshalb fixierte sie den Mann. Auf dessen Gesicht breitete sich ein Lächeln aus. Seine blauen Augen blitzten sie an.

»Komm her«, sagte er leise und Lotte ging mechanisch auf ihn zu.

»Setzt dich zu mir«, forderte er sie auf und Lotte ließ sich nieder, sprang aber gleich wieder auf und rief erschrocken: »Ich kann mich nicht setzen, mein Hintern ist weg.«

»Ich weiß«, sagte der alte Mann. »Ich weiß aber auch, dass es kein Problem ohne Lösung gibt. Wie wär's, wenn du dir Laub zusammen suchen würdest? Darauf kannst du weich sitzen.«

Lotte reagierte nicht sofort auf den Vorschlag, sondern starrte den Mann verdutzt an. Dann lief sie los und raffte so viel Laub zusammen, wie sie tragen konnte. Sie legte es vorsichtig auf die Bank, schob es zusammen und setzte sich darauf.

»Toll«, wandte sie sich an den alten Mann. »Danke für die gute Idee.«

»Keine Ursache. Ich helfe gern, wenn ich kann, Lotte.«

»Woher kennen Sie meinen Namen und wieso wussten Sie von meinem Malheur?«

»Weißt du, das ist eine sehr, sehr lange Geschichte. Vielleicht erzähle ich sie dir einmal. Heute ist dein Problem das Wichtigste, meinst du nicht?«

Lotte nickte betrübt.

Ja«, sagte sie und fuhr dann nachdenklich fort: »Irgendwie habe ich das Gefühl, Sie zu kennen.«

»Wer weiß«, war die rätselhafte Antwort.

»Was soll ich denn jetzt nur tun?« fragte Lotte.

»Geh' nach Hause und suche fortan bei jedem Problem nach einer Lösung.«

»Ob mir das gelingt?« fragte sie zweifelnd. Das hatte sie schließlich noch nie getan.

»Wenn du es ernsthaft versuchst, wirst du es schaffen«, sagte der alte Mann, während Lotte den Wolken, die langsam am Himmel trieben, nachsah.

»Gut«, sagte sie. »Ich werde mir Mühe geben«, stand auf und streckte ihre Hand aus, um sich von dem Mann zu verabschieden. Der aber war verschwunden. Lotte hielt einen Augenblick inne, dann nahm sie das Laub und legte es unter die Bank. Vielleicht würde sie hier ja noch einmal sitzen wollen.

Sie ging nach Hause, wo ihre Mutter ihr schluchzend um den Hals fiel. Auch Lotte weinte eine Weile, fasste sich und sagte dann: »Lass nur, Mama. Ich werde es schaffen. Morgen gehe ich wieder in die Schule.«

Dort war sie weiteren Hänseleien ausgesetzt. Nun wurde sie Lotte Such-den-Po genannt und wenn sie morgens mit Streifen im Gesicht kam, die sich eingedrückt hatten, weil sie auf dem Bauch schlafen musste, hörte sie die Lästerstimme sagen: »Dein Gesicht ist ja ganz faltig, oder irr' ich mich gewaltig und das ist dein Popo, den du in der Hose suchst, ho ho?«

Lotte ignorierte solche Sprüche und die Bemerkungen ihrer Mitschüler. Das schaffte sie, indem sie dem Unterricht aufmerksam folgte, was nach einiger Zeit zu einer auffallenden Verbesserung ihrer Noten führte.

Nach der Schule ging sie von da an täglich zu der Bank, auf der der alte Mann gesessen hatte. Sie traf ihn aber nie mehr an und ging deshalb nach einigen Wochen enttäuscht ohne Umwege nach Hause. Da sie nur unbequem sitzen konnte, begann sie, ihrer Mutter bei der Hausarbeit zu helfen.

So vergingen zwei Jahre. Lotte war inzwischen Klassenbeste. Jeder, der sie kannte, war von ihrem freundlichen Wesen angetan und die Lästermäuler in der Schule waren verstummt.

Dann stand die große Klassenfahrt an. Lotte hatte den Auftrag bekommen, die Fahrkarten für den Zug zu besorgen. In der Bahnhofshalle betrachtete sie die Anzeigetafel für die Abfahrten, als sie von einem vorbeihastenden jungen Mann angerempelt wurde. Sie konnte das Gleichgewicht nicht halten und fiel zu Boden. Auf ihren Po, wie sie verwundert feststellte. Plötzlich hielt ihr jemand seine Hand hin und sagte: »Komm', steh' auf.«

Lotte fasste zu und ließ sich hochziehen. Dabei schaute sie auf und sah in die blitzenden, blauen Augen des alten Mannes von der Bank im Park.

Im nächsten Augenblick war er wieder verschwunden.

Die Letzten werden die Ersten sein

Hinter den Bergen befand sich die Siedlung der sogenannten Quadrater. Das waren Menschen mit quadratischen Körpern. Sie konnten Kopf, Arme und Beine einziehen. Auf diese Art waren sie ohne Platzverlust stapelbar. So passten fünfmal so viele Quadrater in einen Bus wie normale Menschen. Dadurch benötigten sie weniger Busse, ihr Kraftstoffverbrauch war niedriger und sie erzeugten geringere Mengen Schadstoffe.

Außerdem waren sie in der Lage, hundert Tage ohne Essen und Trinken auszukommen. So konnten sie auch nach Missernten überleben. Orkane, die das Getreide niedermachten oder Frosteinbrüche zur Blütezeit der Obstbäume stellten für die Quadrater deshalb keine wirkliche Bedrohung dar.

Schöne quadratische Welt, könnte man meinen. Allerdings kamen ab und zu sogenannte Ausreißer zur Welt. Sie fielen rund aus, zum Beispiel oder hatten eine quadratische Grundfläche, aber die Seiten liefen als Dreiecke spitz nach oben. Sie störten die auf Quadrate ausgerichteten Abläufe. Von den Bussen wurden sie oft einfach stehen gelassen.

Ludwig war so Einer. Er war rund ausgefallen.

Wieder einmal stand er abseits und sah den Anderen zu, wie sie »Stapeln« spielten, woran er nicht teilnehmen konnte. Er wartete darauf, dass sie aufhörten und zum Wettrennen übergingen. Dabei durfte er mitmachen, obwohl er langsamer als die Quadratkinder war. Die hatten ihn gern dabei, weil sie dann sicher sein konnten, nicht als Letzte durchs Ziel zu laufen.

»Ludwig!«

Das war die Stimme seiner Mutter. Sollte er jetzt etwa schon zum Essen gerufen werden? Kurz bevor vielleicht das Wettlaufen begann? Er beschloss so zu tun, als habe er nichts gehört.

»Ludwig! Bitte, komm herein!«

»Na gut«, murmelte er. Widerwillig schlurfend setzte er sich in Bewegung. »Nun mach doch nicht so langsam«, rief seine Mutter. Ludwig sah nicht auf, sondern trottete weiter wie bisher.

»Endlich!«, sagte die Mutter, als er zur Wohnungstür herein kam. Sofort sah sie sein bockiges Gesicht. Sie lächelte, sagte beschwichtigend: »Mein lieber Ludwig«, wobei sie ihm über den Kopf strich. »Du weißt doch, dass ich dir im Laden keine Kleidung kaufen kann, weil dort nur Sachen für Quadratkinder angeboten werden. Deshalb muss ich deine Überzüge selbst nähen. Dieses Mal habe ich erst in der letzten Minute passenden Stoff gefunden.«

Damit meinte sie solchen, der den Quadratüberzügen aus den Kaufhäusern ähnelte. Dadurch stach Ludwigs andere Form nicht sofort ins Auge.

»Ich habe den ganzen Nachmittag über genäht, um fertig zu werden. Morgen ist der Tag deiner Einschulung. Den wirst du nun in einem wunderbaren neuen Überzug antreten können. Probiere ihn einmal an, damit ich weiß, ob er passt.«

Mit diesen Worten hielt Ludwigs Mutter ihm einen dunkelblau-rot-karierten Stoff hin. Ein Lächeln huschte über sein Gesicht. Das war ja genau der Stoff, aus dem die Überzüge seiner Spielkameraden waren. Nun ärgerte er sich nicht mehr, hereingerufen worden zu sein. Er griff schnell zu, schlüpfte in den Überzug und sagte: »Na, was meinst du? Passt er mir?«

»Wie angegossen«, staunte sogar seine Mutter. »Außerdem steht er dir wunderbar. Ich bin richtig begeistert.«

Ludwig drehte sich vor dem Spiegel. Je länger er sich betrachtete, umso mehr leuchtete sein Gesicht. Ja! So gefiel er sich. So freute er sich richtig auf morgen. Die Angst vor diesem Tag fiel von ihm ab.

»Danke, Mama«, strahlte er seine Mutter an, die sich unauffällig eine Träne aus dem Auge wischte.

»Wenn du dich wieder umgezogen hast, können wir gleich essen. Bald danach solltest du ins Bett gehen, damit du morgen früh gut ausgeschlafen bist.«

»Mache ich«, stimmte Ludwig zu. Dieses Mal verzichtete er auf seine üblichen Proteste gegen frühes Schlafengehen. Wenn er im Bett lag, wollte er sich noch ein bisschen ausmalen, wie ihn die Quadratkinder heimlich musterten. Tatsächlich fand er nämlich, dass er in dem neuen Überzug eine viel bessere Figur machte als die.

Voller Vorfreude auf den nächsten Tag aß er sogar seinen Spinat auf, ohne zu murren. Seine Mutter beobachtete amüsiert, wie sich ein Grinsen auf seinem Gesicht breit machte. So vergnügt hatte sie ihren Sohn noch nie gesehen.

Auf dem Weg in die Schule ließ ihn die Vorfreude so übermütig werden, dass er zu hopsen begann, immer mehr, immer mehr. Schließlich zog er dabei die Beine ein und federte trotzdem auf dem Bürgersteig weiter.

»Mama, sieh doch nur, was ich kann!«, rief er. »Das können meine quadratischen Kameraden nicht und es macht doch so viel Spaß. Die wissen gar nicht, was ihnen entgeht.«

»Lass sie das nur nicht hören!«, mahnte die Mutter. »Sie werden womöglich eifersüchtig. Schließlich kannst du etwas, was sie auch bei größter Anstrengung nicht nachmachen können.«

Ludwig streckte seine Füße wieder heraus. Dachte eine Weile nach. Dann sagte er: »Du hast Recht. Dass ich so schön hüpfen kann, soll unser Geheimnis bleiben. Ich werde es nur tun, wenn mich niemand sieht.«

An diesem Tag konnte nichts Ludwigs gute Laune trüben, auch nicht, dass ihn seine neuen Schulkameraden anstarrten, als er sich ein kleines Keilkissen auf den Stuhl legte, bevor er sich hinsetzte. Als er Platz genommen hatte, schaute er sie lächelnd an und erklärte: »Ohne dieses Kissen rutsche ich vom Stuhl herunter. Ich bin ja rund, wie ihr seht. So einfach wie ihr kann ich mich halt nicht hinsetzen.«

»Ach so«, lächelten nun auch seine Mitschüler. Ludwigs Freundlichkeit hatte sich auf sie übertragen. Er wusste noch nicht, dass sein entgegenkommendes Wesen zu seinen herausragenden Eigenschaften gehörte.

Seine Klassenlehrerin gab ihm den Stundenplan und fragte: »Hast du denn einen Überzug für den Turnunterricht?«

»Das weiß ich nicht. Wenn meine Mutter noch keinen genäht hat, wird sie das jetzt tun.«

»Gut. Übermorgen findet zum ersten Mal Turnen statt. Wir müssen dann ohnehin einmal schauen, an welchen Übungen du teilnehmen kannst. Das Beste wird sein, wenn du dir ein kleines Spiel mit in die Schule bringst, damit du dich nicht langweilst. Einverstanden?«

Mit diesen Worten strich sie Ludwig wohlwollend über den Kopf, was dem aber gar nicht gefiel.

Wie die Lehrerin ihm vorgeschlagen hatte, brachte Ludwig fortan zum Sportunterricht Spielsachen mit und schaute zwischendurch seinen Mitschülern zu. Einsamkeit überkam ihn. Er gehörte nicht dazu. Dieses Außenseiterdasein tat ihm weh.

»Von der nächsten Woche an gehen wir an den See«, verkündete eines Tages die Turnlehrerin, Frau Schnapp. »Es ist an der Zeit, dass ihr schwimmen lernt.«

Ludwigs Mutter hatte ihrem Sohn einen eng anliegenden Schwimmanzug genäht, dunkelblau, genau wie die Überzüge seiner Mitschüler.

»Geht ins Wasser, zieht die Beine ein und streckt sie wieder aus. Das müsst ihr ganz schnell machen, damit ihr nicht versinkt«, sagte Frau Schnapp.

Bis auf Ludwig hielten sich alle in einer Reihe. Er aber rollte sofort über das Wasser, als er die Beine eingezogen hatte. »Halt, stopp!«, rief deshalb die Turnlehrerin. »Das ist schade, Ludwig«, meinte sie dann. »Aber es hat wohl keinen Zweck. Am besten beschäftigst du dich wieder mit deinen Spielen.«

Mit diesen Worten wandte sie sich den Quadratkindern zu.

Ludwig standen die Tränen in den Augen. Er blieb traurig am Seeufer stehen und sah seinen Mitschülern zu. Plötzlich ertönte ein Schrei: »Hilfe!«

Weit weg, in der Mitte des Sees waren wedelnde Arme zu sehen. Daneben schwamm etwas Dunkles. Einige von Ludwigs Klassenkameraden schwammen sofort los und auch er rollte in das Wasser, ohne lange nachzudenken, zog die Beine und den Kopf ein, paddelte mit den Armen und rollte so immer schneller, ließ seine Mitschüler abgeschlagen hinter sich. Ab und zu bremste er mit den Händen, steckte den Kopf heraus, um sich zu orientieren. Nur noch ein paar Meter, dann hatte er es geschafft. Er erreichte eine Quadrater-Mutter mit ihrem Kind, das das Bewusstsein verloren hatte.

»Ein Glück, dass du kommst«, sagte sie aufgeregt und ganz außer Atem. »Wir müssen meine Tochter zum Strand schieben. Alleine schaffe ich das nicht.«

»Kein Problem«, beruhigte sie Ludwig. »Ich rolle hinter Ihre Tochter und Sie schieben seitlich. Dann schaffen wir das.«

Er sah erst wieder auf, als er Sand unter seinen Füßen spürte. »Geschafft!«, murmelte er erschöpft und hörte die Mutter: »Danke, mein Junge«, sagen.

Der Verdacht

»Haben Sie Waffen?«

»Nein, wie kommen Sie denn darauf?«

»Och, ich dachte nur so.«

»Was suchen Sie bei mir?«

»Na, lesen Sie den Durchsuchungsbeschluss.«

»Da steht, es besteht der Verdacht, dass ich das Institut durch Abrechnung nicht erbrachter Leistungen geschädigt haben soll … Wer hat sich das denn ausgedacht?«

»Wieso ausgedacht? Der Durchsuchungsbeschluss ist schließlich von einem Richter ausgestellt worden. Sehen Sie mal auf die letzte Seite.«

»Tatsächlich. … Aber: Warum steht hier auf Seite zwei: Die bisherigen Ermittlungen des Instituts haben Folgendes ergeben …?«

»Na ja, das ist doch klar! Bevor jemand eine Anzeige erstattet, muss er doch erst einmal prüfen, ob die berechtigt ist. Und sehen Sie mal, hier steht, es gibt vierzig Akten mit Untersuchungsergebnissen. Und der Durchsuchungsbeschluss umfasst immerhin über zwanzig Seiten.«

»Ach so? Der Anzeigenerstatter muss nur möglichst viel schreiben, oder wie?«

»Ein Anfangsverdacht muss schon vorliegen.«

»Und wie definiert sich Anfangsverdacht?«

»Der Begriff ist nicht definiert.«

»Das ist aber praktisch.«

»Bei über zwanzig Seiten wird ja wohl ein Anfangsverdacht begründet worden sein!«

»Ja? … Zudem spricht alles dafür … müsste fachlich geprüft werden … möglicherweise sind … fraglich ist … im Übrigen bestehen Zweifel … dabei fällt auf, dass auf ein fernmündliches Angebot Bezug genommen wird, obwohl ein schriftliches vorlag … – Na so was! Und mir fällt auf, dass hier außer Mutmaßungen nichts steht.«

»Hm, wie dem auch sei, ich muss bei Ihnen Unterlagen über die Vergabe, Ausführung und Rechnungsstellung mitnehmen.«

»Unterlagen über die Vergabe von Aufträgen durch das Institut? Sind die da weggekommen? Unterlagen über die Ausführung von Aufträgen? Ich dachte, es besteht der Verdacht, dass ich Aufträge nicht ausgeführt habe? Unterlagen über die Rechnungsstellung? Was um Himmels Willen wollen Sie mit Rechnungskopien? Das Institut hat doch die Originale!«

»Also, ich sehe hier Stehordner und die nehme ich jetzt mit.«

»Und die alten Kalender, die Sie da gerade eingesteckt haben, halten Sie die für Unterlagen über die Vergabe, Ausführung und Rechnungsstellung?«

»Nein, aber da könnte doch etwas Verdächtiges drin stehen.«

»Zum Beispiel, was?«

»Da könnten Notizen drin sein über Gespräche oder Verabredungen mit dem Mitarbeiter des Instituts, der Ihnen die Aufträge erteilt hat. Es besteht ja der Verdacht, dass der mit Ihnen gemeinsame Sache gemacht hat.«

»Ach so? Und wie soll das vonstattengegangen sein?«

»Teilweise soll er die Notwendigkeit von Aufträgen an Sie fingiert haben.«

»Aha, also übersetzt heißt das, der Mann hat mir Luftaufträge gegeben und ich habe Luftrechnungen geschrieben. Richtig?«

»Ja. Und dabei soll er die internen Beschaffungsrichtlinien umgangen und den Wettbewerb ausgeschlossen haben.«

»Logisch, das mit dem Wettbewerb. Den braucht man ja bei Luftaufträgen nicht.«

»Sehen Sie.«

»Was soll ich sehen?«

»Dass der Verdacht gegen Sie und den Mitarbeiter berechtigt ist.«

»Sehe ich nicht. Ich sehe nur, dass der Verdacht mit Verdächtigungen begründet wird. Oder können Sie mir sagen, wie es möglich ist, dass das Institut nicht intern hat feststellen können, ob die Notwendigkeit von Auftragserteilungen vorlag oder nicht, sondern für diese Klärung Unterlagen von mir benötigt?«

»Man ist sich eben nicht sicher.«

»Und man ist sich wohl auch nicht sicher, ob Aufträge erledigt wurden oder nicht?«

»So ist es wohl.«

»Und ob gegen interne Beschaffungsrichtlinien verstoßen wurde, lässt sich auch nur mit meinen Unterlagen klären?«

»Nun gut, das ist ungewöhnlich.«

»Und wie hat das Institut den Verdacht begründet, der Mitarbeiter begünstige mich mit Luftaufträgen?«

»Schauen Sie, mit dieser Excel-Tabelle. Da sind die Auftragswerte an Sie vermerkt. Zum Beispiel vor zwei Jahren sechzigtausend Euro. Das sind 33 Prozent des gesamten Auftragsvolumens des Instituts an Sie.«

»Und das ist verdächtig? Und die restlichen 67 Prozent? Die sind nicht verdächtig?«

»Tja. Vielleicht hat ja jemand was gegen den Mitarbeiter.«

»Zum Beispiel. Oder jemand will von sich ablenken.«

»Wie meinen Sie das?«

»Na hören Sie mal! Seit Jahr und Tag vergibt dieser Mann Aufträge an mich. Und plötzlich – huch – wird festgestellt, dass wir eine kriminelle Vereinigung sind, die in aller Öffentlichkeit Luftaufträge abwickelt? »

»Das mit der Öffentlichkeit stimmt so aber nicht, denn in dem Durchsuchungsbeschluss steht was von einer Deckadresse. Sehen Sie: Auf Ihren Briefbogen steht die Anschrift Bergweg und auf dem Bergweg gibt es einen Briefkasten mit der Aufschrift Meyer & Co und daneben steht der Name Ihrer Firma. Das ist bei einer Ortsbesichtigung festgestellt worden. Auf Faxmitteilungen Ihrer Firma steht die Fax-Nummer der Firma

Meyer & Co und außerdem sind Sie nicht im Telefonbuch eingetragen.«

»Die Firma Meyer & Co. leistet für mich Büroservice.«

»Was macht die?«

»Die stellt die Geschäftsadresse und ist telefonisch immer erreichbar. Ich bin viel unterwegs und kann und will mir kein eigenes Büro zulegen. Ich brauche auch keinen Eintrag im Telefonbuch. Mein Geschäft funktioniert seit Jahren durch Mund-Propaganda.«

»Gut, aber hier steht auch, dass einer der Beschaffer des Instituts vor einigen Jahren Ungereimtheiten mit der Adresse Ihrer Firma festgestellt hat.«

»Dass die Ungereimtheiten nicht näher definiert sind, stört Sie wohl nicht?«

»Wieso?«

»Na, einmal hat das Institut eine Post an mich falsch adressiert. Macht mich das verdächtig? Und einmal hat eine Aushilfszustellerin die Post zurückgehen lassen – und wissen Sie, wie lange das her ist? Sechs Jahre!«

»Trotzdem. Die Untersucher dieser Angelegenheit haben keine Kenntnis darüber erlangt, dass es sich bei dem Bergweg um die Anschrift Ihres Büroservices handelt.«

»Und die sind auch nicht auf die Idee gekommen, bei der »Deckadresse« einmal zu klingeln und vorzusprechen?«

»Nun ja.«

»Ausforschung also auf der Grundlage von nicht fundierten Vermutungen?«

»Dagegen können Sie sich wehren.«

»Oh, ja. Ich beweise, dass die Untersucher falsche Verdächtigungen gegen mich vorgebracht haben.«

»Das nützt Ihnen nichts. Sie müssen beweisen, dass die vorsätzlich falsche Verdächtigungen gegen Sie vorgebracht haben.«

»Das wird ganz einfach, nicht wahr? Die werden das ohne weiteres zugeben. Denn sie sind ja die Guten, oder? Und dann beweise ich, dass der Richter den Durchsuchungsbeschluss blindlings unterschrieben hat.«

»Ja, da können Sie sich beschweren.«

»Genau. Und das Gericht verwirft die Beschwerde und zur Begründung wird auf den Durchsuchungsbeschluss verwiesen, in dem steht, dass Unterlagen über Vergabe, Ausführung und Rechnungsstellung beschlagnahmt werden sollen.«

»Stimmt.«

»Also Hausratversicherung, meine Bewerbungsunterlagen und Arbeitsverträge sowie meine Steuerunterlagen und so weiter?«

»Nein.«

»Und warum nehmen Sie die jetzt mit? Wollen Sie nicht auch meinen Gefrierschrank mitnehmen? Ich könnte darin Unterlagen eingefroren haben.«

...

»Na, los! Sie brauchen nur den Schrank daneben abzuschrauben und schon können Sie den Gefrierschrank herausziehen.«

...

»Hier! Hier haben Sie einen Schraubenzieher.«

»Jetzt reicht es mir aber! Ich verhafte Sie wegen Irreführung der Staatsgewalt.«

Das Traumauto

Seit seiner Kindheit träumte Peter von einem Sportwagen der Marke *Husch-und-vorbei*. Irgendwann wollte er unbedingt einen besitzen. Deshalb arbeitete er in seiner Freizeit in einem Nebenjob, half für ein Trinkgeld in der Nachbarschaft diesem oder jenem. Wenn er aber wieder einmal rechnete, musste er frustriert feststellen, dass es wohl nie zum Kauf eines solch teuren Autos reichen würde.

Doch eines Tages bekam er Post vom Amtsgericht. Ihm wurde eröffnet, dass ihn sein Nachbar Ernst K., der vier Wochen zuvor verstorben war, zum Alleinerben eingesetzt hatte. Peter musste nun mitteilen, ob er die Erbschaft annehmen wollte oder nicht.

Klar wollte er, wieso denn nicht? In der Wohnung seines Nachbarn hatte er so ziemlich alles instand gesetzt und Trinkgeld stets abgelehnt, weil er den Mann für arm gehalten hatte, und nun wurde er belohnt. So wartete er gespannt darauf zu erfahren, was er geerbt hatte. Er verbrachte unruhige Nächte, in denen er sich mit der Frage herumplagte, ob sein früherer Nachbar womöglich noch Zahlungsverpflichtungen hatte, denen er, Peter, jetzt nachkommen musste.

Aber nein! Ganz im Gegenteil! Neben einem ansehnlichen Geldbetrag erbte er auch noch einen 2006er

Husch-und-vorbei. Peter traute seinen Augen nicht, als er die Mitteilung des Amtsgerichts las, und er las sie immer wieder. Unglaublich. Peter blieb im wahrsten Sinne des Wortes die Spucke weg. Richtig freuen konnte er sich erst, als er sich von der Überraschung erholt hatte. Dann konnte er sein Glück kaum fassen. Ein Strahlen legte sich auf sein Gesicht. Er hätte die ganze Welt umarmen können.

Die Erbschaft enthielt den Hinweis, dass das Fahrzeug über einen besonderen Sicherheitsstandard verfügte: Es fuhr allein weiter, sollte den Fahrer am Steuer ein Schwächeanfall ereilen oder er einschlafen.

»Nicht schlecht«, dachte Peter. »Mit einer Ohnmacht während der Fahrt rechne ich in meinem Alter zwar noch nicht, aber der Sekundenschlaf kann jedem passieren.«

»Der *Husch-und-vorbei* ist auch bestens vor Diebstahl geschützt« hieß es weiter. »Gelingt es einem Fremden, den Wagen trotz aller Sicherheitsvorkehrungen zu starten, geht der Motor nach zehn Sekunden aus und das Lenkrad blockiert.«

»Was das wohl für Sicherheitsvorkehrungen sein könnten?«, dachte Peter, schreckte aber davor zurück all' das Kleingedruckte zu diesem Thema zu lesen. Wozu auch? Jetzt wollte er das Auto erst einmal aus der Garage holen, zu der er einen Schlüssel erhalten hatte und dann eine Runde durch die Stadt drehen.

Gedacht, getan. Danach ging's auf die Autobahn. Was für ein Hochgefühl: diese unendliche Kraft des Motors, wenn das Gaspedal nur angetippt wurde. Plötzlich sah Peter, wie ein Auto vor ihm ein zweites berührte, das daraufhin auf den Seitenstreifen schlingerte, die Warnblinker anmachte und anhielt. Der andere Fahrer aber beschleunigte und entfernte sich schnell.

»Na warte«, dachte Peter, trat das Gaspedal ganz durch. So hatte er den fliehenden Fahrer bald eingeholt. Er folgte ihm, machte ihm Zeichen mit der Lichthupe, bis der endlich anhielt. Dann stellte er ihn zur Rede. Schließlich gingen sie beide zur Polizei.

Dieser Vorfall erschien als Randnotiz in der örtlichen Tagespresse. Im Laufe der folgenden zwei Jahre gab es immer wieder Berichte über den *Husch-und-vorbei*-Fahrer, der flüchtende Unfallverursacher auf der Autobahn stellte. So wurde er allmählich bekannt. Ständig erschienen Berichte in der Presse. Alle Welt brachte ihm Bewunderung und Anerkennung für seinen gerechten Einsatz entgegen.

Peter nutzte den Rummel um seine Person und rief einen neuen Wettbewerb »Fahren für einen guten Zweck« ins Leben. Die Veranstaltungen fanden in geeigneten Sportstadien und Allzweck-Arenen statt. Dabei erhielt ohne Einschränkung jeder Personenkraftwagen Starterlaubnis. Die Fahrer verzichteten auf ein Honorar. Die Eintrittsgelder standen nach Abzug der Kosten für die Organisation als Spenden zur Verfügung.

Vor diesen Rennen legte Peter fest, wer bedacht werden sollte: Kindergärten erhielten Geld für Turngeräte oder Spielzeug, Schulen für die Renovierung von Klassenräumen oder die Anschaffung von Lehrmaterial,

Forschungsgruppen bekamen ihre notwendigen Kosten bezahlt. Geld ging an Krankenhäuser, Altenheime und manchmal auch ausgesuchte Privatpersonen, die unter besonders schwierigen Bedingungen lebten.

Spannend waren diese Autorennen, weil häufig Fahrzeuge siegten, denen es niemand zugetraut hätte und so dauerte es nicht lange, bis Fernsehsender die Übertragungsrechte für den Wettbewerb

»Fahren für einen guten Zweck« erhalten wollten. Peter erwies sich als äußerst geschickt bei Verhandlungen und trieb den Preis für die Senderechte in die Höhe. Schließlich sollte auch dieses Geld dem guten Zweck dienen.

So entstand eine große Fernsehgemeinde, die den Autorennen begeistert am Bildschirm folgte. Wenig später wurden Wetten zugelassen, unter staatlicher Aufsicht. Ein geringer prozentualer Teil der daraus resultierenden Einnahmen ging an die Rentenversicherung.

Eines Sonntags stand Peter schon um drei Uhr morgens auf. Er hatte die ganze Nacht über unruhig geschlafen. Nun konnte er es im Bett nicht mehr aushalten. Er kochte sich schnell einen Kaffee, aß im Stehen ein trockenes Stück Brot und ging dann zu seinem Wohnzimmerfenster. Am Abend vorher hatte er seinen *Husch-und-vorbei* vor dem Haus parken müssen, weil ein Kleintransporter seine Garageneinfahrt blockierte. In dem Wagen war ein Warndreieck an der Windschutzscheibe platziert, woraus Peter geschlossen hatte, dass das Auto nicht mehr fahren konnte. Aus dem

Grund hatte er den Transporter auch nicht abschleppen lassen. Weshalb denn auch? Sein *Husch-und-vorbei* war ja bestens gegen Diebstahl gesichert. Der konnte ruhig eine Nacht lang draußen stehen.

Nanu? Da schlich doch jemand um sein Auto herum. Peter fiel regelrecht das Kinn herunter, als er sah, wie die dunkle Gestalt die Fahrertür öffnete.

»Ha«, dachte er dann jedoch und fing an zu grinsen. »Du wirst dich wundern, wie weit du kommst.«

Amüsiert schaute er weiter aus dem Fenster auf sein Auto, hörte, wie es nach zwei Startversuchen ansprang. Peter sah auf seine Wanduhr im Wohnzimmer. Der Sekundenzeiger lief im gleichmäßigen Takt. Nach zehn Sekunden würde das Fahrzeug von allein ausgehen. Ein Grinsen legte sich über sein Gesicht. Er zählte mit: »Acht, neun, zehn.«

Der *Husch-und-vorbei* fuhr mit aufheulendem Motor los, Peter hatte das Gefühl ihm boxe jemand in den Magen. Mit zitternden Fingern zerrte er die Gardine vom Fenster weg, riss es auf, beugte sich hinaus und sah die Rücklichter seines Traumautos, das gerade links abbog. Wer hätte das gedacht? Sein *Husch-und-vorbei* hatte einen Konstruktionsfehler.

Konsequenzen

Wie mochte es Peter wohl gehen? fragte ich mich. Wir waren zusammen zur Schule gegangen und seit über zwanzig Jahren besuchten wir uns jedes Jahr abwechselnd für ein paar Tage. Im vergangenen Jahr war Peter nicht zu mir gekommen, wegen Arbeitsüberlastung, glaube ich. Inzwischen ging es auf Ende August zu und er hatte nichts mehr von sich hören lassen. Ich hatte ein paar Mal versucht, ihn telefonisch zu erreichen, aber entweder war immerzu besetzt oder es meldete sich niemand.

Ob er krank war oder familiäre Probleme hatte? Ich fand keine Antwort auf diese Frage. Die Ungewissheit quälte mich immer mehr und so beschloss ich, hinzufahren. Ich wollte Peter sagen, ich sei auf der Durchreise. Die Ausrede schien mir glaubhaft.

Kurz vor der Autobahnausfahrt befiel mich eine bis dahin nicht gekannte innere Unruhe. In meiner Magengegend zog sich alles zusammen. Die Anspannung nahm zu, je mehr ich mich dem Haus meines Freundes näherte. Er wohnte in einer Siedlung, die aus schmalen dreistöckigen Einfamilienhäusern bestand. Die Häuser aus rotem Klinkerstein hatten einen kleinen Vorgarten und nach hinten eine Terrasse und einen Garten, der an einen Teich mündete. Die Straßen der Siedlung waren recht verschachtelt, sodass ich jedes Mal suchen musste, bis ich das richtige Haus gefunden hatte.

Schließlich bog ich in die Straße ein, auf der Peter wohnte und sah eine etwa dreißig Meter lange Menschenschlange. Ich fuhr daran vorbei. Überwiegend standen dort Männer in mittlerem Alter. Sie waren durchweg mit Anzügen in gedecktem Dunkelgrau bekleidet. Die wenigen Frauen, die ich sah, trugen Kostüme, meist dunkelblaue. Dieser Kleidung nach schien es sich um Leute aus der Management-Ebene zu handeln. Die Schlange reichte bis zu Peters Haus. Soweit ich erkennen konnte, stand die Haustür offen und der Flur war voller Menschen.

Was geht hier bloß vor? fragte ich mich während ich mein Auto am Straßenrand anhielt. Ich blieb eine Weile darin sitzen, schaute zu, wie sich die Schlange der Wartenden langsam nach vorn bewegte. Schließlich stieg ich aus, ging über die Straße und auf das Gartentor zu, um an den Wartenden vorbei zu gehen. Die machten sich aber regelrecht breit und nahmen eine feindselige Haltung an.

»Gestatten Sie?« fragte ich deshalb betont freundlich. »Ich möchte zu Herrn Peter Huhn. Das ist mein Freund.«

»Ach ja?« sagte einer der Wartenden. »Das ist ja eine ganz neue Masche, um sich vorzudrängeln. Stellen Sie sich mal ruhig hinten an, wie sich das gehört.«

»Ich verstehe nicht«, sagte ich irritiert. »Worauf warten Sie denn eigentlich? Wollen Sie alle zu Herrn Huhn?«

»Ja, aber klar!« riefen mehrere der Wartenden wie aus einem Mund.

»Wieso denn?« fragte ich.

»Offensichtlich, wissen Sie ja wirklich nicht, was hier los ist«, sagte ein Mann hinter mir.

»Nein, weiß ich auch nicht«, antworte ich. »Vielleicht könnten Sie es mir ja erklären?«

»Also gut«, sagte der Mann. Dann erzählte er, dass Peter der Anzeige jedes Denunzianten nachging.

»Das muss er doch auch«, warf ich ein.

»Ja, aber erst, nachdem er die Anzeigen auf ihren Gehalt geprüft hat. Er muss zuerst feststellen, ob da was dran ist. Er soll die Angezeigten ja vor ungerechtfertigten Eingriffen in ihr Leben schützen.«

»Und das hat er nicht getan?« fragte ich unsicher. Dass Peter sich nicht die Mühe machte, Anzeigen zu prüfen, hätte mich nicht gewundert. Er war schon in der Schule ein Bruder Leichtfuß gewesen und hatte immer versucht, der Arbeit aus dem Weg zu gehen.

»Nein, Ihr Freund hat Anzeigen nie geprüft und so wurden die Angezeigten immer sofort angeklagt.«

»Hat sich denn niemand dagegen gewehrt?« fragte ich erstaunt.

»Doch, einige haben sich gewehrt. Aber vergebens. Sie wissen ja, wie das ist, mit der Bürokratie und den Mühlen, die langsam mahlen.«

»Ja«, sagte ich, »das weiß ich.«

»Und«, fuhr der Mann fort, »die Behördenleitung ist mit Ihrem Freund nicht unzufrieden, im Gegenteil. Er soll sogar für einen Orden vorgeschlagen worden sein, habe ich gehört.«

»Wieso das?« fragte ich verdutzt. Ich verstand gar nichts mehr.

»Na ja, das kam so«, erwiderte der Mann. »Nachdem sich herumgesprochen hatte, dass Anzeigen bei Ihrem Freund immer ein Erfolg sind, haben immer mehr Leute welche gemacht. So nahmen die Strafverfahren im Laufe der letzten zwei, drei Jahre enorm zu. Die Justizbehörden erweiterten ihre Dezernate und stellten mehr Personal ein. Also sind durch das Verhalten Ihres Freundes zusätzliche Arbeitsplätze entstanden. Die Justiz bekam immer größere Bedeutung. Inzwischen gibt es sogar eine regelmäßige Berichterstattung in den Radio- und Fernsehnachrichten.«

»Ja«, musste ich zugeben. »Das ist mir auch schon aufgefallen. Und welche Leute werden angezeigt?« fragte ich.

»Mittlerweile sind die Arbeitslosen zu einem Schwerpunkt der Strafverfolgung geworden«, antwortete der Mann. »Das Problem der Arbeitslosigkeit hat ja immerhin höchste Priorität.«

»Die Arbeitslosen?« fragte ich verblüfft.

»Ja«, sagte er. »Wenn ihnen etwas angehängt und sie zu Gefängnisstrafen verurteilt werden können, verschwinden sie aus der Arbeitslosenstatistik. Die niedrige Arbeitslosenquote stärkt das Ansehen des Landes und lockt Investoren.«

»Und wen wollen Sie anzeigen, wenn ich fragen darf?«

Der Mann lächelte verschmitzt: »Ich bin Unternehmer und ich zeige zwei meiner Mitarbeiter an. Ich gebe an, dass die beiden mich finanziell geschädigt haben.«

»Und das stimmt?« fragte ich.

»Nein«, war die Antwort.

»Wenn sich herausstellt, dass Ihre Verdächtigung falsch war«, entgegnete ich, »was haben Sie dann erreicht?«

»Wenn erst einmal ein Strafverfahren eingeleitet worden ist, kann ich eine sogenannte Verdachtskündigung vornehmen. Ich brauche dabei nur anzugeben, dass das Vertrauensverhältnis zu den Mitarbeitern so sehr gestört ist, dass mir eine Zusammenarbeit mit ihnen nicht mehr zumutbar ist. So umgehe ich den Kündigungsschutz.«

Inzwischen war ich Teil der Warteschlange im vorderen Bereich geworden. Die Leute um mich herum beachteten mich nicht mehr. Ich hörte dem Mann nicht mehr zu. Dann standen wir schließlich im Flur des Hauses. Ich war als nächster dran.

Angst vor dem, was mich hinter der Tür zu Peters Arbeitszimmer erwartete, schnürte mir die Kehle zu. Ein Mann kam heraus und hielt mir beim Hinausgehen die Tür auf. Ich trat ein.

Zuerst fiel mein Blick auf halb zugezogene Vorhänge, durch die wenig Licht einfiel, sodass der Raum düster wirkte. Dann sah ich einen großen Schreibtisch, beladen mit Akten. Dahinter erkannte ich Peter, blass, mit Schweißperlen auf der Stirn. Als er mich sah, machte er eine verzweifelte Geste, als wollte er sagen: »Zu spät.«

Dann sah ich, dass sein linker Arm an einen Tropf angeschlossen war. Peter folgte meinem Blick und sagte mit schwacher Stimme: »Künstliche Ernährung .... Ich habe keine Zeit mehr zum Essen.«

Die Zeit dazwischen

Der Radiowecker schreckte ihn aus tiefem Schlaf. Er tastete nach dem Ausschalter. So, jetzt hatte er noch einmal zehn Minuten, in denen er sich auf das Aufstehen einstellen konnte. – Er schlief wieder ein.

Ihm wurde warm. Er stand an einem Strand in der Sonne. Der nasse Sand gab Muscheln frei. Fünf Kinder mit gelben und grünen Plastikeimern waren damit beschäftigt, sie zu sammeln. Schnelligkeit war dabei das Wichtigste. Wer eine besonders schöne oder besonders große Muschel gesehen hatte, versuchte, sie den anderen vor der Nase wegzuschnappen. Da stürzten sich schon einmal drei Kinder auf eine Muschel – mit dem Ergebnis, dass sie in Stücke brach. Ein Kind quiekte immer vor Freude, wenn es eine ausgefallene Muschel gefunden hatte.

Er musste lächeln. Dann schaute er weiter nach rechts. Dort probierten zwei Kinder Plastikschubkarren aus. Dabei hinterließen sie Radrillen und Fußabdrücke im Sand. Sie veranstalteten schließlich ein Schubkarren-Wettrennen und so machten ihre zufälligen Fußabdrücke Muster in den Sand. Daneben war ein Kind zu sehen, das versuchte, absichtlich tiefe Fußabdrücke zu hinterlassen. Es nahm auf dem trockenen Sand Anlauf und sprang dann in den nassen Sand.

Noch ein Stück weiter weg sah er zwei Kinder, die dabei waren, mit ihren roten Schaufeln einen Graben auszuheben, der sich zum Ende der Ebbe hin langsam mit Wasser füllen würde.

Neben ihnen versuchte ein Kind, eine Burg zu bauen. Weit war es damit noch nicht gekommen. Es schielte immer wieder zu einer Gruppe von Kindern, die in einer lautstarken Diskussion klärten, wie ihre Burg aussehen und wer was machen sollte.

Eines der Kinder tat sich dabei als Wortführer hervor. Dann fingen sie mit dem Bau an. Nahezu wortlos schufteten sie. Bald war eine Einfahrt mit einem Tor zu sehen und der Hof und das Burggebäude dahinter hatten auch schon Form angenommen. Stück für Stück würde das Bauwerk wieder verschwinden, sobald die Ebbe vorbei war.

Gerade lief ein Kind vorbei, bepackt mit kleinen Holzstückchen. Es räumte den Strand auf und trug seine Funde zum nächsten Müllcontainer. »Später spiele ich auch«, hörte er es sagen.

Er ließ den Blick nach links schweifen. Dort sah er zwei Kinder, die Seesterne einsammelten, sie auf ein Brett legten und mit dem vollen Brett zum Meer gingen. Sie ersparten es den Seesternen, von der Sonne ausgetrocknet zu werden und qualvoll zu sterben.

»Warum tut ihr das?« fragte ein anderes Kind. Schließlich gab es überall getrocknete Seesterne zu kaufen. Und offenbar wollte dieses Kind einen haben, auch wenn der übel riechen würde. Es hatte einen Seestern in der Hand.

Ohne die Antwort der beiden Kinder abzuwarten, lief es zu einem Strandkorb. Dort legte es den Seestern auf ein Tuch und zog es dann behutsam in die Sonne.

Er schüttelte den Kopf. Dabei fiel sein Blick auf ein Kind, das den Strand absuchte und jemandem etwas wie »Schätze« zurief. Nach einer Weile kehrte es um und lief bis zu den Burgbauern. Die brauchten aber niemanden mehr. Es durfte nur zusehen und gelegentlich eine Handreichung verrichten. Dann sah er Kinder, die etwas in den nassen Strand malten oder schrieben. Sie schauten dabei verträumt in die Ferne. Auch das Gemalte oder Geschriebene würde ausgelöscht sein, wenn die Ebbe vorbei war.

Plötzlich hörte er ein Kind schreien. Als er hinschaute, sah er einen Mann und eine Frau an einem Jungen zerren. Sie rissen ihn vom Strand fort und riefen dabei: »Wir haben andere Pläne. Folge!«

Ihm tat das Kind leid, das offenbar lieber im Sand spielen wollte. Da drehte sich das Kind um und er sah in sein eigenes Gesicht. Er fuhr hoch. Der Radiowecker war angesprungen. Er musste sich beeilen, um pünktlich im elterlichen Betrieb zu erscheinen.

Die Zeitreise

Mittelalter life – prangte in riesigen Buchstaben an der Schaufensterscheibe. Darüber leuchtete *Reisebüro Bon Voyage.* »Ach, ist der Laden jetzt endlich wieder vermietet?« war Pauls erster Gedanke. Dann fiel ihm die Doku-Soap *Abenteuer Mittelalter* ein, die er sich regelmäßig im Fernsehen ansah. Die mussten ja ganz schön schuften, aber trotzdem reizte es ihn, auch eine solche Erfahrung zu machen. Da Samstag war und er nicht zur Arbeit musste, ging er auf das Geschäft zu. Innen sah er zwei junge Frauen Prospekte einsortieren. Paul betrat den Laden mit einem fröhlichen: »Wunderschönen guten Morgen, meine Damen!«

»Den wünschen wir Ihnen auch«, erwiderten die beiden und fuhren dann wie aus einem Mund fort: »Und was können wir für Sie tun?«

»Ich wüsste gerne Näheres über Ihr Angebot Mittelalter live«, sagte Paul und nahm dabei auf einem Stuhl vor dem Schreibtisch mit dem Namensschild Elfi Schneider Platz, die ihm erklärte, dass es sich um eine Busreise zu einer Burg in einer geheim gehaltenen Gegend handelte, bei der – wie in der Fernsehserie – alles mittelaltergerecht umgebaut worden war. Es war auch dafür gesorgt worden, dass Handys dort kein Netz fanden. Der Echtheit halber sollten die Teilnehmer keinen Kontakt zur Außenwelt aufnehmen. Der Mindestaufenthalt betrug eine Woche. An- und Abreisetag war Dienstag. Die Unterbringung erfolgte in Räumen, die mit Strohmatten und Decken für vier Personen ausgestattet waren.

Es wurden Getreide, Obst und Gemüse angebaut und Schafe und Kühe gehalten. Ein Tierarzt stand zur Verfügung und zum Schlachten kam ein Fachmann aus dem Dorf. Die Urlauber hatten sich mit den Produkten aus ihrer Arbeit zu versorgen. Für Getränke und Essen fielen daher keine Kosten an.

Trotzdem war der Reisepreis hoch, fand Paul, sah aber ein, dass natürlich Investitionen gemacht worden waren, die wieder hereinkommen mussten. Er schloss einen Reisevertrag ab. Drei Wochen später sollte es losgehen.

Am vereinbarten Dienstag erschien Paul vor dem Reisebüro. Er kam mit einem Mann mittleren Alters ins Gespräch und zu dem setzte er sich auch in dem Bus, der kurze Zeit später vorfuhr.

Zur Begrüßung wurde ein kleines Frühstück serviert, ein mit Käse belegtes Brötchen, ein Joghurt und eine Tasse Kaffee. Paul war zufrieden. Er fühlte sich rundherum wohl und lehnte sich nach diesem Imbiss auf seinem Sessel zurück. Dann fielen ihm die Augen zu.

Paul erwachte mit einem trockenen Geschmack im Mund. Es kam ihm so vor, als höre er ein leises Summen. Er schlug die Augen auf und erschrak. Da liefen gerade zwei Männer in Raumanzügen an ihm vorbei!

Er wollte sich die Augen reiben, bekam die Arme aber nicht hoch. Nun bemerkte er, dass er in einer Art Kabine stand und seine Beine und Arme angeschnallt waren. Er versuchte zu rufen, aber es kam kein Laut aus seinem Mund. Im selben Augenblick fielen ihm wieder die Augen zu.

Als Paul das nächste Mal erwachte, saß er im Reisebus, der gerade vor einer mittelalterlichen Burg anhielt. Sein Nachbar stieß ihm mit dem Ellbogen in die Seite und sagte: »Ich habe geschlafen wie ein Murmeltier. Hoffentlich habe ich nicht geschnarcht.«

»Nein, haben Sie nicht«, antwortete Paul. »Ich habe auch geschlafen«. Er war erleichtert, im Mittelalter angekommen zu sein und nicht in der Zukunft. Ihn fröstelte bei der Erinnerung an seinen Traum vom Raumschiff.

Sie stiegen auf einem gepflasterten Platz vor der Burg aus, wo sie vom Burgvogt begrüßt wurden. Der wies ihnen ihre Räume zu und forderte sie auf, die bereitgelegte Kleidung anzuziehen und sich dann im Versammlungsraum einzufinden, der sich rechts, direkt neben dem Eingang zur Burg befand.

Paul war froh, nur eine Woche gebucht zu haben. Derart kratzig hatte er sich die Bekleidung nicht vorgestellt und in den Holzschuhen konnte er auch nicht gut laufen. Sie sollten sich aber als sehr nützlich herausstellen, denn er wurde einer Gruppe zugeteilt, die den Kuhstall auszumisten hatte. Darüber hinaus sollte Pauls Gruppe einen Brunnen ausheben. Dafür gab es sogar Zeitvorgaben. Würden sie die nicht einhalten, bekämen sie nur kleine Essensrationen, hatte der Burgvogt gedroht.

So schufteten sie, was das Zeug hielt. Schließlich wollte niemand von Pauls Gruppe dafür verantwortlich sein, dass sie mit wenig Essen bestraft wurden. Den anderen Arbeitsgruppen ging es allerdings nicht besser. Am Abend waren alle so erschöpft, dass sie nach dem Essen auf ihre Strohmatten sanken und in einen tiefen Schlaf fielen. Die erträumte Lagerfeuer-Romantik fand nicht statt.

In der sechsten Nacht konnte Paul nicht einschlafen. Er hatte zu viel von dem leckeren Spanferkelbraten gegessen, den es zur Feier des Sonntags gegeben hatte. Er wälzte sich hin und her, schlief ein, erwachte wieder, hörte ein entferntes Surren und bemerkte ein Lichtflackern an der Decke des Schlafraums. Leise stand er auf. Er wollte niemanden durch seine Unruhe wecken. Er schlich sich zu der schmalen Öffnung in der Wand und schaute nach draußen.

Da stand, nein schwebte, ein Transportfahrzeug. Oben war eine Ladefläche zu sehen, unten hatte das Gefährt eine große Gummiwulst. Es erinnerte Paul an die Hovercrafts, die auf einem Luftteppich von Calais nach Dover fuhren. Das Lichtflackern rührte von den Scheinwerfern her. Paul wollte wieder zu seiner Strohmatte zurückkehren, da sah er eine lange dürre Gestalt. »Sieht aus wie ein Strichmännchen«, dachte er. Er hielt den Atem an und kniff die Augen zusammen, um besser sehen zu können. Dieses Strichmännchen hatte einen eng anliegenden dunklen Overall an. Seine Haut wirkte stumpf. Der Kopf war klein. Die Ohren standen davon ab. Die Schultern waren schmal und hingen herab. Arme und Beine waren dünn, sodass Hände und Füße besonders groß erschienen.

Dieses Strichmännchen hob Säcke auf die Ladefläche des Transportfahrzeugs. Plötzlich kamen zwei weitere Strichmännchen. Sie zogen jeweils zwei Säcke neben sich her und legten sie an dem Fahrzeug ab. Dann gingen sie weg und verschwanden aus Pauls Sichtfeld.

Paul war wie elektrisiert. Er hielt den Atem an. Sollte er die Anderen wecken? Nein. Erst einmal selber nachschauen. Barfuß lief er los. Wie er zur Scheune kam, wusste er. Er musste nur vorsichtig und langsam gehen, um im Dunklen nicht zu stolpern. Deshalb kam es ihm vor, als sei eine Ewigkeit vergangen, bis er endlich an dem kleinen Tor an der Rückwand der Scheune ankam.

Mit Bedacht drückte er die Klinke hinunter und schob die Tür sachte auf. Die Scheune war im vorderen Bereich hell erleuchtet. »Scheinwerfer«, schoss es ihm durch den Kopf. Er schlüpfte schnell hinein, schloss die Tür und versteckte sich dann hinter einem Strohballen. Schemenhaft sah er draußen mehrere Strichmännchen. Dann näherten sich zwei, traten in das Licht der Scheinwerfer. Nun waren die Gesichter deutlich zu erkennen. Sie wirkten alt und ausgemergelt. Die Augen lagen in tiefen Höhlen.

Paul fuhr das Grauen so in die Glieder, dass er die nächsten Minuten wie gelähmt hinter dem Strohballen hockte. Gedanken flogen ungeordnet durch sein Gehirn. Er versuchte vergeblich, sich zu beruhigen. Schließlich entschloss er sich, zu seinem Schlafraum zurück zu kehren. Seine Abwesenheit sollte möglichst nicht auffallen. Als er endlich zurück war, kroch er auf seine Strohmatte, deckte sich zu und begann systematisch langsam und tief zu atmen. Dabei stellte er sich eine Sommerwiese mit Mohn und Kornblumen vor und so gelang es ihm, einzuschlafen.

Am nächsten Morgen wurde er wach, weil jemand an seiner Schulter rüttelte. Er fühlte sich wie gerädert, stand auf und erledigte alle Arbeiten mechanisch. Seine ungewohnte Wortkargheit führte bald dazu, dass ihn die Anderen fragten, ob es ihm nicht gut ginge. Er hätte stechende Kopfschmerzen, sagte er dann und arbeitete verbissen weiter. Es war Montag. Noch eine Nacht und dann würde er die Rückreise antreten.

Da Paul mittlerweile glaubte, in den Lebensmitteln sei ein Schlafmittel, ließ er dieses Mal das Frühstück im Bus unter seinem Sitz verschwinden. Bald darauf merkte er aber, dass er trotzdem schläfrig wurde. Krampfhaft versuchte er, wach zu bleiben. Er sah sich angestrengt im Bus um. Die Anderen schliefen, manche schnarchten leise vor sich hin. Als er nach vorne zum Busfahrer blickte, fiel ihm auf, dass der in einer geschlossenen Kabine saß. »Gas«, dachte Paul. Im selben Augenblick schlief auch er ein.

Als er wieder zu sich kam, ruckte der Bus und stand dann vor dem *Reisebüro Bon Voyage*. Es war dunkel.

Paul sah auf seine Armbanduhr. Gleich Mitternacht, stellte er fest. Er stieg mit den Anderen aus, suchte sich draußen zwischen den ausgeladenen Gepäckstücken seine Reisetasche, rief: »Und tschüss« und eilte nach Hause. Dort warf er sich aufs Bett, dachte noch: »Morgen werde ich …«, dann war er eingeschlafen.

Mit einem Ruck wachte er auf. Die Sonne schien in sein Schlafzimmer. An die letzte Sequenz seines Traums erinnerte er sich noch: Es waren Strichmännchen, die Säcke auf ein Transportfahrzeug verluden. Mit einem Sprung war Paul aus dem Bett. Er lief ins Bad, rasierte sich, putzte die Zähne, warf sich mit beiden Händen Wasser ins Gesicht. Das musste reichen. Er hatte keine Zeit zu verlieren. Er trank noch hastig einen Schluck Wasser aus der Flasche in seiner Küche, dann verließ er die Wohnung.

Wenn er sich beeilte, würde er seinen Freund Bert noch vor der Mittagspause in der Redaktion der lokalen Zeitung antreffen. Der war der Einzige, mit dem Paul diese mysteriöse Angelegenheit besprechen konnte. Er sprang die Treppen vor seinem Haus hinunter und lief zur Bushaltestelle. Der Bus kam in dem Augenblick um die Ecke und Paul stieg ein. Drei Haltestellen später sprang er hinaus, rannte die Straße entlang, bog rechts ab und stürmte die Treppe zum Zeitungshaus hoch. Fast wäre er mit seinem Freund zusammengeprallt.

»Na nu?« rief der. »Was machst du denn hier?«

»Ich muss unbedingt mit dir sprechen. Sofort!« antwortete Paul.

»Kein Problem. Ich bin gerade auf dem Weg in die Eckkneipe, um Mittagspause zu machen. Komm mit«, lud ihn Bert ein.

Aufgeregt erzählte Paul in dem Gasthaus von seiner Zeitreise. Plötzlich bemerkte er, dass sich sein Freund vor Lachen kaum noch halten konnte.

»Glaubst du mir etwa nicht?« rief er empört.

»Doch, beruhige dich«, beschwichtigte ihn Bert. »Weißt du denn nicht, dass deine außerirdischen Strichmännchen die sogenannten Lederhäute sind?«

»Von Lederhäuten habe ich noch nie etwas gehört«, erwiderte Paul verdutzt und sah seinen Freund fragend an.

»Das sind ehemalige Feldarbeiter, die vor etwa zwanzig Jahren mit 67 in Rente gegangen sind und seitdem ihre Rente aufstocken.«

Ewiger Sommer

Gernot stand unter einer Überwachungskamera und betrachtete die Palmen, die die Prachtstraße seiner Geburtsstadt zu beiden Seiten der Fahrbahn säumten. Inzwischen konnte er sich nicht mehr genau an das Aussehen der Laubbäume erinnern, die hier einmal standen, als er Kind war.

Lautlos glitten die Autos auf der Fahrbahn dahin. Seit der Einführung der automatischen Fahrzeugsteuerung durch eine Fernzentrale gab es keine Autounfälle mehr. Fast keine, denn unachtsame Fußgänger konnten beim Überqueren der Fahrbahn immer noch Unfälle verursachen, wenn sie sich nicht an die Ampelübergänge hielten.

Es war, wie gewöhnlich, angenehm warm. Während der ersten Jahre der Erderwärmung hatte es immer wieder extrem heiße Sommer gegeben, denen viele Kreislauf-Erkrankte zum Opfer gefallen waren. Seitdem waren die Städte überdacht und mit einer künstlichen Klimatisierung versehen worden. Wie früher von Stadtmauern umgeben, überdachten sie nun massive Kuppeln aus glasähnlichem Material, durch die Licht einfiel, nicht aber die schädlichen ultravioletten Strahlen. Damit waren sie vor den Tornados geschützt, die als Folge der Klima-Erwärmung in der jüngsten Vergangenheit fast täglich das Leben der Menschen bedroht hatten.

Gernot sah sich nach einer leeren Bank unter einer Palme um. Etwa zwanzig Meter weiter war gerade eine ältere Frau aufgestanden und weggegangen. Er ging dorthin und setzte sich. Eine Weile saß er regungslos da. Sein Kopf fiel nach vorn. Er richtete sich ruckartig auf. Nein! Hier auf der Bank wollte er nicht einschlafen. Mit seinem freien Nachmittag konnte er doch wohl etwas Besseres anfangen! Gernot stand auf, um nach Hause zu gehen. Er bog in die nächste Seitenstraße ab, durchquerte den kleinen Park, an dessen Teich-Ufer Graugänse ihr Gefieder putzten, lief schließlich auf das Kunstmuseum zu, um dann in die kleine Seitenstraße rechts daneben einzubiegen. So näherte er sich nach etwa zehn Minuten dem Sechsfamilien-Haus, in dem er eine Wohnung im ersten Stock bewohnte.

Da sah er auf dem Dach der angebauten Doppelgarage ein rundes Ding, an dem sich gerade eine Tür öffnete. Ein Mann stieg aus. Er trug eine Art Overall, dunkelblau, jedoch blitzte der bei jeder Bewegung.

Gernot fühlte sich schlagartig hell wach, holte mit einem schnellen Griff seinen Haustüröffner aus der Hosentasche. Groß war der gerade nicht, aber im Notfall hätte er damit zuschlagen können. Er blieb stehen und rief dem Fremden zu: »Was machen Sie denn da?«

»Ja, äh, ich – ach, helfen Sie mir doch bitte herunter« antwortete der Mann und Gernot zuckte zusammen, als er die unglaublich tiefe Stimme vernahm, sah sich um, ging zu einer Mülltonne und zog sie zur Garage, sodass der Fremde auf sie heruntersteigen konnte. Als er unten war, fragte Gernot ihn: »Wer sind Sie und was machen Sie auf der Garage? Und was ist das für ein rundes Ding?«

»Das runde Ding ist meine Landekapsel. Ich wollte im Garten landen, aber dann hat die Steuerung mir einen Streich gespielt. Der Computer hat wohl Ihr Garagendach für sicherer gehalten.«

»Landekapsel?«, fragte Gernot ungläubig. »Wieso das denn? Das Erkundungsteam ESA wird doch erst in zwei Wochen zurück erwartet. Außerdem«, begann er zu stottern, »wo sind denn die Anderen, und wie sind Sie durch die Stadtkuppel gekommen? Sonst wird doch immer außerhalb gelandet!«

Der Fremde machte eine leichte Verbeugung, bevor er antwortete: »Ich komme vom Planeten Nesse. Von Ihrem Erkundungsteam weiß ich nichts.«

»Vom Planeten Nesse? Nie gehört.«

Gernot blickte den Fremden ungläubig an. Sämtliche ihm bekannte Forschungen hatten die Existenz menschlichen Lebens auf anderen Planeten verneint. Allerdings war da die Landekapsel auf dem Garagendach und das glänzende Material des Overalls. Und außerdem sah er jetzt, dass der Mann auf dem Kopf einen Hut trug, der nur bei flüchtiger Betrachtung wie Haare wirkte.

»Und wie sind Sie durch die Kuppel der Stadt gekommen?«

»Wir haben ein Verfahren entwickelt, das es uns ermöglicht, Materie zu durchdringen.«

»Und was wollen Sie auf der Erde? Und wieso sprechen Sie wie ich?« Gernots Stimme überschlug sich fast.

»Auf früheren Erkundungsflügen haben wir Aufzeichnungen Ihrer Sprache gemacht, sie dann analysiert und einige von uns haben sie gelernt. Ich bin hier, um auszukundschaften, wie die Erdbewohner es geschafft haben, die Erde so zu erwärmen, dass das ganze Jahr über sommerliche Temperaturen herrschen. Auf meinem Planeten gibt es Temperaturzyklen und im Kältesten gehen die Temperaturen auf minus zehn Grad herunter. Viele Pflanzen erfrieren dann. Wenn es aber immer warm ist, könnten wir das ganze Jahr lang säen und ernten und wir könnten mit weniger Ackerland auskommen. Wir haben nämlich eine Vielzahl von Bewohnern zu versorgen, aber unser Planet ist bei weitem nicht so groß wie Ihrer«, erklärte der Fremde.

Gernot schüttelte skeptisch den Kopf. »Am besten kommen Sie mit mir ins Haus« lud er ihn ein und führte ihn in seine Küche, wo er ihm ein Glas Wasser zu trinken anbot.

»Danke, aber ich trinke nie etwas, wenn ich auf Reisen bin«, lehnte der Fremde ab und fuhr fort, als er den fragenden Blick von Gernot sah: »Unsere Körper sind in der Lage, über längere Zeit ein Flüssigkeitsdepot anzulegen.«

»Ach so«, sagte Gernot. »Wissen Sie«, fuhr er dann fort »wir haben festgestellt, dass die Erwärmung der

Erde viele Probleme mit sich bringt und inzwischen haben wir begriffen, dass die steigende Wärme zu einer Vernichtung der Lebensbedingungen für uns und zahlreiche Tierarten …«

Gernot erzählte, wie zuerst unerträglich heiße Sommer das Leben schwer gemacht hatten, wie es dann fast täglich Gewitter gegeben hatte, wie sich Herbststürme in Tornados verwandelten, wie in manchen Gebieten kein Tropfen Regen mehr fiel, die Erde verdorrte und die Bauern ihre Höfe hatten aufgeben müssen, während es an anderen Stellen zu schwersten Überschwemmungen kam, und wie schließlich weltweit radikal der Schadstoffausstoß eingestellt wurde, der als ursächlich für die Klimaveränderung angesehen wurde. Aber – das Klima war verändert. Ob es sich wieder zurück entwickeln würde, wusste niemand.

Beim Erzählen hatte sich Gernot ein Weißweinglas aus dem Küchenschrank genommen, das er nun bereits zum dritten Mal füllte. Wehmut überkam ihn bei der Vorstellung, durch Weinberge zu laufen und die Hitze der Sonne auf dem Rücken zu spüren.

»Dann raten Sie uns also, unser Klima so hinzunehmen, wie es ist«, hörte er den Fremden sagen.

»Ja, unbedingt!« rief Gernot. »Sie ahnen gar nicht, wie sehr uns der Wechsel der Jahreszeiten fehlt. Immer nur Sommer zu haben, das ist langweilig. Und es hat hier so viele Tierarten gegeben, die nur in kälterem Klima leben konnten und von denen es nun lediglich noch Fotos gibt. Andererseits nehmen gewisse Raubtiere Überhand, weil sie keine natürlichen Feinde mehr haben. Auch durch sie droht uns Gefahr.«

»Dass vor der Stadt mehr von diesen großen braunen Zotteltieren sind als bei unseren früheren Erkundungsflügen, ist mir aufgefallen«, warf der Fremde ein.

Gernot machte ein bekümmertes Gesicht und überlegte, wie weit er bei seinen Erklärungen gehen durfte. Dann warf er alle Bedenken über Bord. Der Fremde kam ja von einem anderen Planeten. So erzählte Gernot weiter und berichtete schließlich, dass er zu einem kleinen Personenkreis gehörte, der auf einen anderen Planeten auswandern sollte, um dort eine neue Zivilisation zu gründen. Der Fremde sah ihn erschrocken und zugleich ungläubig an.

»Was soll das denn für ein Planet sein?« fragte er.

»Der Planet ist nur 25.000 Lichtjahre von der Erde entfernt.«

Gernot sprang auf und lief zu einem kleinen Schrank, öffnete eine Schublade und holte eine Karte hervor, faltete sie auseinander und hielt sie dem Fremden vor.

»Sehen Sie, hier, an dieser Stelle ist dieser Planet erst vor sehr kurzer Zeit entdeckt worden. Er heißt Fortuna.«

Der Fremde starrte auf die Stelle, die Gernot mit dem Finger bezeichnet hatte. Dann hob er den Blick und sagte: »Dort bin ich vorbei geflogen«, er gab eine Art Seufzen von sich, bevor er fortfuhr: »Das ist kein Planet.«

»Wie bitte?«, rief Gernot. »Was soll das heißen?«

»Es handelt sich um eine Zusammenballung ausgedienter Satelliten, die früher einmal Umlaufbahnen um Ihre Erde gezogen haben.«

Angst

Karl rannte. Seine Schritte hallten laut hinter ihm her. Schweiß stand auf seiner Stirn. Sein Herz schlug ihm bis in den Hals. Er bemerkte Stiche in der Brust. Das Atmen fiel ihm schwer. Mit einem Ruck zog er den Reißverschluss seiner Jacke auf. Er spürte die kühle Luft auf seinem erhitzten Körper und dachte: »Ich werde mich erkälten«.

Plötzlich stolperte er über eine Unebenheit im Boden, drohte hinzufallen, fing sich aber wieder.

Im Blickfeld seines rechten Auges sah er auf einmal Wellenlinien. Karl erschrak und dachte: »Überanstrengung«, aber das war egal. Er musste weiter rennen.

Vor ihm tauchte die Treppe auf. Wie ein Ertrinkender griff er nach dem Handlauf, zog sich daran hoch, nahm immer zwei Stufen. Er empfand die Anstrengung in den Knien, wurde langsamer.

»Bloß noch wenige Meter«, hämmerte es in seinem Kopf.

Das Luftholen bereitete ihm mehr und mehr Schwierigkeiten. Er konnte nur noch flach atmen. Er sprang mit letzter Kraft und war drin. Die Tür schlug hinter ihm zu. Ein Pfiff. Der Zug fuhr ab.

Der Weihnachtsschmaus

Zuerst hatte Franz damit angefangen.

»Deine Renate wird ja Heiligabend wieder da sein, oder?«, hatte er gefragt.

Nein, würde sie nicht. Nach einem heftigen Streit war sie zu ihrer Mutter gefahren. Dorfpolizist Gerhard würde Heiligabend allein sein. Deshalb hatte er sich zum Bereitschaftsdienst während der Feiertage einteilen lassen. Ach, jetzt wusste er auch, wieso er dauernd gefragt wurde, ob Renate zu Weihnachten wieder da wäre. Beharrlich wehrte er alle Einladungen ab. Heiligabend würde er eben dieses Jahr allein verbringen, aber wie jedes Jahr gab es den Weihnachtsschmaus in der Scheune von Bauer Edgar am zweiten Weihnachtsfeiertag und darauf freute er sich sehr.

In der Nacht zuvor begann es zu schneien. Am nächsten Morgen waren Häuser, Bäume, Wege und Straßen weiß, und Dorfpolizist Gerhard kamen Erinnerungen von Schlittenfahrten und Schneeballschlachten aus seiner Kindheit in den Sinn. Er zog sich seine wattierte Jacke über und verließ das Haus.

Der eisige Wind pfiff ihm gleich um die Ohren und der Schnee peitschte ihm ins Gesicht. Hätte er bloß einen Schirm! Nur, wie oft ergab sich für ihn die Gelegenheit, den zu benutzen? Man stelle sich einen Polizisten vor, der mit Regenschirm daher kommt. Heute, das war ja eine Ausnahme. Deshalb trug er auch keine Uniform.

Er dachte an die warme Scheune und legte einen Schritt zu. Edgar kannte er schon seit Kindesbeinen an. Als sich seine inzwischen verstorbenen Eltern aufs Altenteil setzten, hatte er den Hof übernommen. So nach und nach hatte Edgar den Betrieb auf eine Tierhaltung nach neuesten Erkenntnissen umgestellt. Seine Tiere hatten Auslauf auf Weiden und leicht zu reinigende Ställe. Seine Fleisch- und Wurstwaren fanden reißenden Absatz.

Irgendwann einmal hatte Edgar alle Dorfbewohner am zweiten Weihnachtsfeiertag zu einem Mittagessen in seiner Scheune eingeladen und daraus war im Laufe der Jahre eine Tradition geworden.

Besonderen Zuspruchs erfreuten sich immer die Frikadellen, die von Edgars Frau Marianne gebraten wurden und nicht zuletzt dieser Köstlichkeit wegen eilte Dorfpolizist Gerhard auf die Scheune zu. Schließlich wollte er unbedingt eine dieser leckeren Frikadellen abbekommen.

Als er vor der Scheune war, hörte er Stimmengemurmel. Er drückte die Klinke herunter und schob die schwere Tür auf. Ein Schwall warmer Luft umfing ihn. Ein Gemisch aus Aromen von Kaffee, Bratäpfeln und Glühwein stieg ihm in die Nase. Gerhard schloss für einen Moment die Augen. Ob es im Paradies so duftete?

Er schlug die Augen wieder auf, ging zu den Garderobehaken an der Wand und hängte dort seine Jacke hin. Dann mischte er sich unter die Anwesenden, rief diesem und jenem: »Hallo« und »fröhliche Weihnachten« zu und hatte sich schließlich zu Mariannes Büffet durchgekämpft.

»Tag, Marianne, fröhliche Weihnachten und jetzt freue ich mich auf eine deiner Frikadellen«, sagte er zur Begrüßung. In dem Moment klingelte sein Handy.

»Hoffentlich nichts Wichtiges«, meinte er besorgt. »Ich habe Bereitschaftsdienst.«

Er meldete sich mit einem knappen: »Ja«.

Dann machte er ein ernstes Gesicht, sagte noch ein paar Mal: »Ja«, und beendete das Gespräch schließlich mit: »Ich bin gleich da.«

Er steckte das Handy wieder ein und sagte zu Marianne: »Bitte, heb' mir eine Frikadelle auf. Ich muss jetzt weg. Bei den Gärtners ist eingebrochen worden. Na ja, die fahren ja jedes Jahr über die Weihnachtstage zu ihren Kindern. Das wussten die Einbrecher bestimmt. Hoffentlich ist kein großer Schaden entstanden.«

Die Gäste des weihnachtlichen Scheunen-Essens widmeten sich nun dem Thema Kriminalität. In diesem Jahr hatten sich vor Weihnachten die Überfälle gehäuft, bei denen die Räuber als Weihnachtsmann verkleidet waren. Da immer mehr Leute diese roten Nikolausmützen trugen, die teils so grässlich blinkten, dass man eher an Karneval denken mochte, gelang es den Dieben meist, im Menschengewühl zu entkommen. So hatte ein Weihnachtsmann bei Juwelier Stein in der Bezirksstadt mit einem Handgriff Schmuck im Wert von etwa hunderttausend Euro weggerafft und war dann unerkannt verschwunden.

Nach etwa einer Stunde kam Dorfpolizist Gerhard wieder zurück. Die Anwesenden umringten ihn gleich: »Ist was gestohlen worden?« fragte jemand und: »Wie sind die reingekommen?«

»Die Kellertür wurde aufgebrochen«, sagte Gerhard. »Es war nur eine einfache Tür ohne jede Sicherung. Vom Keller aus können alle Räume des Hauses erreicht werden. Was genau gestohlen wurde, wissen wir nicht. Aber wir konnten Gärtners erreichen und die werden bis zum Abend hier sein. Dann erfahren wir mehr. Zerstört wurde zum Glück nichts. Die Leute von der Spurensicherung aus der Bezirksstadt sind noch da. Sie meinen, da wären Profis am Werk gewesen. Mehr kann ich nicht sagen.«

Nun ließ das Interesse der Dorfbewohner an dem Einbruch nach. Sie wandten sich erneut den Büffets zu und nahmen ihr Geplauder wieder auf. Gerhard seufzte erleichtert. Er ging zu Marianne.

»Du hast mir doch eine Frikadelle aufgehoben?« fragte er.

»Natürlich!« rief sie und reichte ihm einen Teller, auf dem zwei Frikadellen lagen.

»Oh, zwei sogar, das ist ja eine wunderbare Überraschung«, freute sich Gerhard. »Die lasse ich mir jetzt aber schmecken. Danke.«

Marianne nickte ihm freundlich zu. Gerhard schlenderte zur Bierausgabe, zapfte sich ein Glas voll und biss in die erste Frikadelle. Hm, genauso gut wie immer.

War das ein Genuss! Er beobachtete, wie die Ersten die Scheune verließen und sie rasch leerer wurde.

Gerhard wischte sich das Fett von den Fingern und ging wieder zu Marianne hinüber.

»Deine Frikadellen waren wieder ein Gedicht, Marianne«, sagte er, als er seinen Teller abstellte.

»Das soll auch so sein. Schön, dass es dir so gut geschmeckt hat. Von einem solchen Echo kann ich gar nicht genug bekommen«, entgegnete Marianne lachend und wandte sich dann ihrer Tochter Lisbeth zu: »Dann beginnen wir mal mit dem Abräumen.«

Nun musste sich auch Gerhard auf den Heimweg machen und drehte sich zu seinem Gastgeber Edgar um: »Es war wieder mal herrlich, wie ihr das alles so schön angerichtet habt … na nu? Was ist denn das?«

Aus einer Ecke in der Scheune hinter einer Stellwand war das Klingeln eines Handys zu hören. Gerhard lief spontan dem Geräusch nach.

»Du, Edgar, hier liegt ein Weihnachtsmannkostüm«, rief er dann. Edgar war dicht hinter ihm.

Der Dorfpolizist hob die Verkleidung hoch, griff in eine Seitentasche, machte ein verdutztes Gesicht und als er seine Hand herauszog, hielt sie Schmuck, eine Perlenkette, ein paar Gold-Colliers, eins mit Billanten. Er warf sich den Weihnachtsmann-Mantel über die rechte Schulter. Dann griff er mit der linken Hand in die andere Tasche und zog das Handy heraus. Der Akku war leer. Deswegen hatte es angefangen zu klingeln.

»Sieht aus wie dein Handy«, wandte er sich an Edgar.

Der nickte ernst: »Ja, das ist mein Handy.«

Sein Gesicht hatte eine fahle Farbe angenommen.

»Bitte!«. sagte Gerhard. »Erklär' mir das. Bitte!«

»Was soll ich sagen? Seit vielen Jahren bin ich der Wohltäter in der Gegend und es hat mir immer gut getan, wie die Leute mich respektvoll behandelt haben. Das Dorf ist mein Leben. Schon als Kind habe ich mir gewünscht, reich zu sein und anderen etwas abgeben zu können. In den letzten Jahren aber liefen die Geschäfte nicht mehr so gut, auch wenn ihr das nicht merken konntet. Ich habe immer versucht, den Schein zu wahren. Aber was das Schlimmste ist, meine Frau Marianne hatte immer größere Wünsche, trotz allem. Sie wollte unbedingt ständig neuen Schmuck haben, obwohl sie den gar nicht trägt, aber haben wollte sie ihn.«

»Und so bist du auf die Idee gekommen, den Juwelier Stein in der Bezirksstadt zu überfallen?«, fragte Gerhard entsetzt.

»Ja«, gab Edgar zu. »Ich dachte, der kann die Sache seiner Versicherung melden und hat dann keinen Schaden.«

»Und wieso lag das Weihnachtsmannkostüm hier in der Scheune?«, fragte Gerhard weiter.

»Als ich vom Juwelier Stein zurückkam, warteten schon ein paar Nachbarn bei uns im Haus. Ich hatte keine Zeit mehr, den Mantel zu leeren und woanders hinzutun«, erwiderte Edgar.

»Ja, und warum hast du Marianne den Schmuck nicht gegeben?«

»Ich habe sie vertröstet. Ich hatte gedacht, ich finde irgendwie einen Weg, den Schmuck zurückzugeben.«

Beide schwiegen danach für eine lange Zeit. Dann sagte Gerhard, der Dorfpolizist: »Ich geh' dann jetzt auch. Zuerst gehe ich zu Juwelier Stein. Der wird Augen machen, dass ich seinen Schmuck am Wegrand gefunden habe. Bis dann Edgar. Frohe Weihnachten.«

Der Papierkrieg

Ort der Handlung ist ein Sammelcontainer für Papier und Pappe, in dem die darin befindlichen Papiere und Pappen ins Gespräch kommen.

Ein zusammengeknüllter Brief entfaltet sich laut knisternd, merkt, dass er behindert wird von den Wänden eines schweren Kartons und meckert den an: »Mach dich nicht so breit! Ich brauche auch etwas Platz!«

»Ich habe eine gute Figur gemacht, bevor mich jemand auseinandergerissen hat. Und ich bin stolz auf meine dicken Wände. Ich war nämlich ein Weinkarton, in den 12 Flaschen passten, und die sind alle heil beim Empfänger angekommen. Dafür habe ich gesorgt.«

»Ja, und wenn schon«, murrte der Brief. »Ich bin wichtiger als du, und deswegen muss ich mich auch ausbreiten können.«

»Nein, auf keinen Fall!« rief ein kleiner weißer Briefumschlag nun. »Das ist ein ganz schäbiger Erpresserbrief.«

»Woher weißt du das denn?« fragte der Karton verwundert.

»Der Brief hat in mir gesteckt. Im Postkasten habe ich mich festgeklemmt, damit er nicht verschickt wird, aber der Briefkastenleerer hat die Innenwände gründlich abgetastet und mich entdeckt, und so ist der Brief dann doch zugestellt worden.«

»Ach, tatsächlich?« rief ein Stück Backpapier und versuchte, sich so aufzurichten, dass es einen Blick auf den Brief werfen konnte, was ihm aber nicht gelang.

»Wie hat denn der Empfänger auf den Brief reagiert?« riefen nun zwei abgerissene Eintrittskarten für den neuesten James Bond-Film, der zwei Tage zuvor im Kino angelaufen war.

»Der hat nur gelacht und den Brief zusammengeknüllt, danach hat er mich und den Brief hier in den Container geworfen.«

»Dann bist du auch nicht wichtig, Brief«, ließ sich der ehemalige Weinflaschenkarton vernehmen.

Der Brief raschelte wütend und versuchte noch einmal, sich zu entfalten.

»Du, sieh' mal«, sagte die eine Eintrittskarte zur anderen: »Der läuft ja vor Wut rot an.«

»Das sieht nur so aus«, meine die Andere. »Da hat jemand aus einer Illustrierten Wörter ausgeschnitten und aufgeklebt, und der rote Untergrund schimmert hier im Dunkeln ziemlich stark.«

»Genau!« tönte es aus einer Ecke des Containers. »Wenn ihr mir einmal eure Aufmerksamkeit schenken wollt, werdet ihr feststellen, dass ich noch viel mehr schimmere und nicht nur in rot. Ich bin nämlich eine wunderschöne Postkarte von der Algarve.«

»Ach du lieber Himmel«, waren nun gleich mehrere andere Postkarten zu vernehmen. »Schaut uns doch bloß mal an. Wir sind von der Nordseeküste. Etwas Schöneres habt ihr doch noch nie gesehen!«

»Von wegen«, mischte sich das Stück Backpapier ein. »Ihr hättet mal die rot glühenden Grillstäbe im Backofen sehen sollen, die auf mich herabgeleuchtet haben. Da würde euch die Spucke weg bleiben.«

»Du bist gar kein richtiges Papier«, raschelte der Brief und versuchte, ein Stück von dem Weinflaschenkarton wegzudrücken, der daraufhin kurzen Prozess machte und sich über den Erpresserbrief warf.

Nun war ein leises Fluchen zu vernehmen.

»Du fusselst, Papiertaschentuch, du gehörst in die Restmülltonne und nicht zu uns spezialisierten Papieren«, konnte man von unterhalb des Kartons vernehmen.

Dann herrschte eine Weile Ruhe, bis plötzlich wieder ein Rascheln zu hören war. Es kam aus der Mitte des Containers und sprang regelrecht zwischen den beiden Eintrittskarten hervor, die empört: »Aua!« riefen.

»Ich bin das wichtigste Papier in diesem Container«, ließ sich das kleine Blatt im DIN-A-5-Format vernehmen.

»Wieso?« tönte es vielstimmig zurück.

»Ja, seht doch her, was auf mir steht, schwarz auf weiß.«

Mit diesen Worten richtete sich das kleine Blatt auf und drehte sich in alle Richtungen, damit es von allen Seiten her zu lesen war.

»Sterbeurkunde«, las der kleine weiße Briefumschlag mit Ehrfurcht in der Stimme vor.

»Wieso bist du denn so wichtig?« riefen zwei Abreißkalender, ein Päckchen Kontoauszüge, die Postkarten und das Backpapier, während der auseinander gerissene Karton mit einer seiner äußeren Seiten ablehnend wedelte.

»Wenn es dich gibt, lebt doch der Mensch, dessen Name auf dir steht, nicht mehr, und dem bist du völlig egal«, sagte nun einer der beiden Abreißkalender und der andere knisterte bekräftigend dazu.

»Und wenn du so wichtig wärest, wie du glaubst, würdest du nicht in diesem Container liegen«, ließ sich der Erpresserbrief vernehmen, der sich ein wenig unter dem Karton hervorgearbeitet hatte. Dieser stülpte sich aber gleich wieder über ihn.

»Ihr seid gemein!« rief die Sterbeurkunde und versuchte, den Fleck, den sie unten am Rand hatte, unsichtbar zu machen, indem sie sich etwas einrollte. »Ich bin einzigartig. Mich gibt es nur einmal. Solche wie euch, gibt es unzählige Male.«

»Schluss jetzt!« rief das Rezept, das sich inzwischen vor die beiden Abreißkalender gezwängt hatte.

»Es steht doch wohl außer Frage, dass ich das wichtigste Papier hier bin. Die Medikamente, die auf mir bescheinigt wurden, haben einem Menschen beim Überleben geholfen. Damit könnt ihr alle nicht mithalten.«

»Pah!« watschte sie der Pappkarton mit einer seiner äußeren Seiten ab. »Ich bin größer und stärker als du.«

»Darum geht es nicht«, muckte das Rezept auf, bevor es der Karton unter sich zum Schweigen brachte, wodurch ein durchgestrichener Brief zum Vorschein kam.

Erwartungsvoll richteten sich der Karton und die Eintrittskarten, die Postkarten und das Backpapier auf, aber der Brief gab keinen Mucks von sich.

»Hast du uns nichts zu erzählen?«, fragte schließlich das Backpapier.

»Nein, ich schäme mich so sehr.«

»Wieso das denn?«, ertönte es nun von allen Seiten. Sogar ein Steuerbescheid und eine Zeitungsseite versuchten, einen Blick auf den durchgestrichenen Brief zu werfen, als der kleine weiße Umschlag anfing, ihn vorzulesen: »… entschuldige ich mich für den harschen Ton meiner Mitarbeiterin …«

»Oh ha«, ließ sich das Erpresserschreiben vernehmen, das sich mittlerweile ein wenig unter dem Karton hervorgearbeitet hatte. »Das hört sich ja noch schlimmer an, als der Text, der mir aufgeklebt wurde, und ich werde hier unterdrückt! Lass mich sofort raus, du Karton!«

»Abwarten, lass' erstmal hören, was der Brief zu erzählen hat.«

»Ja, also, ihr habt es ja schon gehört: Da entschuldigt sich ein Vorgesetzter für den angeblich harschen Ton seiner Mitarbeiterin. Das hättet ihr mal hören sollen, wie der Briefempfänger getobt hat. Ich dachte schon, dass er mich zerreißt, aber dann hat er mich nur durchgestrichen, was auch ganz schön wehgetan hat, das könnt ihr mir glauben.«

»Ja, und? Was hat er denn gesagt?«, raschelte das Backpapier.

»Die Mitarbeiterin hat mir in ihrem Brief ganz phantastisch den Sachverhalt erklärt«, hat er gerufen, »und jetzt kommt hier so ein eingebildeter Chef daher, schreibt einen Haufen Unsinn und zieht mit seiner Entschuldigung praktisch über seine eigene Mitarbeiterin her. Pfui Teufel. Aber kein Wunder, dass das Unternehmen als arrogant gilt. Da möchte ich nicht arbeiten.«

»Und wie bist du dann in diesen Container gekommen?«, meldete sich eine Urlaubskarte.

»Der Briefempfänger hat das durchgestrichene Schreiben in einen Umschlag gesteckt und an den Absender zurückgeschickt, und der, stellt euch das vor, hat es in den Papierkorb geworfen. So ein Feigling. Den Brief abzuheften hat er sich nicht getraut, womöglich hätte seine Mitarbeiterin den gefunden …«

»Geht ganz schön rau da draußen zu«, stellte eine der Urlaubspostkarten fest.

In dem Augenblick öffnete sich der Container und mit einem Schwung wurde ein Berg geschreddertes Papier hineingeworfen und bedeckte den Karton und die anderen Papiere.

Das ließ sich der Karton aber nicht gefallen und wedelte sich frei. Die Postkarten, das Backpapier und die anderen Papiere profitierten von dem so entstandenen Wind und schafften es, aus den Papierschnipseln wenigstens herauszuschauen.

»Seht mal«, rief der kleine weiße Briefumschlag. »Hier kann man einzelne Wörter auf den Schnipseln lesen. Zum Beispiel Verdacht, und hier: Durchsuchungsbe …«

»Beschluss muss das heißen«, erklärte der Erpresserbrief. »Der ist durch den Reißwolf gejagt worden, damit niemand lesen kann, was darin steht. Ein Durchsuchungsbeschluss ist etwas viel Schlimmeres als ich es bin.«

»Wieso?«, fragte der Karton.

»Das ist doch ganz klar. Ich komme mit der normalen Post ins Haus, und dann kann sich der Empfänger überlegen, wie er reagieren will. Bei einem Durchsuchungsbeschluss fallen jede Menge Polizisten unangemeldet über die Wohnung eines Menschen her und wühlen in all' seinen Sachen herum.«

»Ja, das stelle ich mir ganz entsetzlich vor«, sagte das Rezept. »Wenn der Mensch, dem das passiert, hohen Blutdruck hat und sich sehr stark aufregt, dann kann das für ihn sehr gefährlich werden. – Was stand auf dir drauf?«, wandte sich nun erbost das Rezept an den Beschluss, bekam aber keine Antwort.

Ein allgemeines Murmeln entstand, und schließlich meldete sich die tiefe Stimme des Kartons: »Durchsuchungsbeschluss, wir haben auch etwas beschlossen, nämlich, dass du unseren Container zu verlassen hast. Mit dir wollen wir nichts zu tun haben. Also verschwinde!«

Das geschredderte Papier antwortete nicht. Die anderen Papiere begannen zu flüstern, bis der Container geöffnet wurde, wodurch ein Luftzug entstand, in dem nur ein leises: »Eins, zwei, drei!« zu hören war. Und dann richteten sich die Postkarten, der Karton und all' die anderen Papiere auf, hoben den geschredderten Durchsuchungsbeschluss an, riefen noch einmal: »Eins, zwei drei!« und die Papierschnipsel hoben sich bis zum Rand des Containers in die Höhe, wo sie eine Windbö erfasste, und weg waren sie.

Ein Aufatmen ging durch den Container, aber es flog auch etwas Neues hinein: ein Stück Packpapier, das vollgeklebt war mit unterschiedlichen Zetteln.

Als es so dalag, begann der Karton zu lesen: »An Familie En…, hier fehlt ein Stück von dem Aufkleber, aber darüber steht Entenreich. Und dann sind hier einige Zettel mit Strichcodes, und hier ist einer, auf dem steht: Nach Adressprüfung erneuter Zustellversuch. Und dann ist da ein roter Zettel, auf dem steht: zurück. Es sind auch Kästchen zum Ankreuzen da, aber keins ist angekreuzt worden.

Packpapier, kannst du uns mal erklären, was diese vielen Zettel auf dir zu bedeuten haben?«

Es dauerte eine Weile, bis sich das Papier räusperte und dann sagte: »Also, ich bin das Packpapier eines Päckchens gewesen. Als ich in dem Ort angekommen war, in den man mich verschickt hatte, konnte der Zusteller den Empfängernamen nicht buchstabieren. Deshalb hat ein Kollege ihn noch einmal aufgeschrieben. Das hat aber nichts genützt. Der Zusteller konnte ihn trotzdem nicht lesen. Deshalb hat er den roten Zettel draufgeklebt, und so bin ich wieder an den Absender zurückgeschickt worden.«

»Und wieso liegst du jetzt hier bei uns im Container?« riefen die Postkarten, das Rezept, der Karton und andere Papiere.

»Na ja, der Absender hat mich dann noch einmal abgeschickt. Dieses Mal als Paket. Deswegen ist da auch noch ein Zettel mit Strichcode drauf.«

»Und dann?«, drängelten die Papiere und die Pappen.

»Dann hat mich ein anderer Zusteller zu den Empfängern gebracht, und die haben das Päckchen ausgepackt und mich jetzt eben zu euch in den Container geworfen.«

»Ach so«, sagten einige Papiere, und dann sagte niemand mehr etwas. Sie schienen alle über das Gehörte nachzudenken.

Plötzlich wurde der Container aufgerissen und jemand stopfte wütend Packpapier hinein und rief dabei immer wieder: »Weg damit, weg damit!«

»Was zum Teufel ist das denn?«, erboste sich der Karton. »Man kann ja gar nichts mehr sehen, so dick machst du dich, und derjenige, der dich hier hineingesteckt hat, war ja so ärgerlich. Warum?«

»Ach, ja, der war zornig«, antwortete das neue Packpapier. »Ich bin die Verpackung einer Sperrgutsendung gewesen. Die ist ihm nicht so schnell zugestellt worden, wie er es erwartet hatte.«

»Warum denn nicht?«, riefen einige Papiere wie aus einem Mund.

»Beim ersten Mal wurde das Paket bis zum Verteilzentrum transportiert und da hörte ich, wie einer der Bearbeiter sagte: »Das schicken wir zurück und geben an, die Formvorschriften seien nicht eingehalten worden. So können wir uns die Arbeit der Zustellung sparen.«

»Durfte der das denn?«, fragte der Karton.

»Nein, aber er hat es halt gemacht, und dann hat der Absender das Paket noch einmal losgeschickt.«

»Sowas habe ich schon mal gehört«, rief eine Stimme aus dem Untergrund des inzwischen sehr dunklen Containers.

»Und was ist dann passiert?«, fragte der Karton unbeirrt von dem Zwischenruf.

»Dann hat derselbe Mann im Verteilzentrum gesagt: »Jetzt schicken wir es zurück und geben an, die Straße und das Gebäude seien unbekannt.«

Wenn die Papiere Zähne gehabt hätten, wäre an dieser Stelle ein Pfeifen zu hören gewesen, so aber sagte der Karton: »Und weiter?«

»Der Absender hat sich natürlich beschwert, und dann wurde das Paket bei ihm abgeholt und dem Empfänger auch tatsächlich zugestellt. Aber der war inzwischen so wütend, dass er sich über die Sendung gar nicht mehr freuen konnte. Deshalb hat er mich auch hier so reingestopft.«

Es setzte ein längeres Schweigen ein, dann wurde getuschelt und schließlich sagte der Karton: »Packpapiere, ihr nehmt uns die Luft zum Atmen. Von euch geht irgendwie etwas Negatives aus. Vielleicht sind die mit euch verpackten Sendungen deswegen auch nicht auf direktem Weg im ersten Anlauf zugestellt worden. Wir sind der Meinung, dass wir uns vor euch schützen müssen, und haben daher beschlossen, dass ihr den Container wieder verlassen müsst.«

»Das kommt ja gar nicht in Frage. Wir haben nichts Böses getan, wir sind lediglich länger und weiter gereist als es nötig gewesen wäre, aber dafür können wir ja nichts«, antworteten beide Packpapiere gleichzeitig und versuchten, sich zu entfalten.

Daraufhin fingen auch die anderen Papiere und der Karton an, sich weiter auszubreiten, und so entstand erst ein leichtes Gerangel und dann begann der Container zu schwanken.

Ohne, dass es die raufenden Papiere bemerkten, kam der Papierbehälter immer mehr in Schwingungen, bis er schließlich umkippte. Dabei öffnete sich der Deckel und die Kontrahenten fielen auf die Straße in eine große Pfütze, woraufhin einige von ihnen riefen: »Igitt, ist das ekelhaft nass.«

Und als der Regen, der die Wasserlache versursacht hatte, so auf die Papiere niederprasselte, kam der Karton regelrecht in Wallungen und schrie: »Hilfe, wir werden angegriffen«.

»Quatsch«, brummte des Packpapier der Sperrgutverpackung und versuchte noch einen Augenblick lang, sich gegen die Attacken des Kartons zu wehren, bis es von der Nässe so durchweicht war, dass es sich nicht mehr rühren konnte, ein Schicksal, das schließlich auch alle anderen Papiere ereilte – bis auf einen Kassenzettel, der im Deckel des Containers eingeklemmt war und sich nicht bewegte, um nicht auch auf der Straße zu landen.

Ich will keinen Streit

»Ich will keinen Streit«, sagte der Richter und ließ den Mörder laufen.

»Das war doch gar kein Streit«, sagte der Mörder, als er dem Richter einen Monat später eine Schlinge um den Hals legte.

»Eine Verurteilung wäre die Konsequenz aus meinem Handeln gewesen. Jetzt erfährst du die Konsequenz aus deinem Handeln.«

»Ach«, dachte der Richter, bevor ihm die Luft wegblieb.

Der Schlüssel

Ferdinand klopfte rhythmisch mit seinem Kugelschreiber auf die Schreibtischplatte und fragte sich zum x-ten Mal, wie er das Problem lösen könnte, als plötzlich seine Bürotür aufflog. Vier Männer mit kurzen Lederjacken, Jeans und Turnschuhen stürmten herein. Er fuhr erschrocken hoch.

»Sind Sie Ferdinand Lasar?« herrschte ihn Einer an.

»Ja, und wer sind Sie?«

»Ich bin Kriminal-Oberkommissar Kellermann und das sind meine Kollegen Zieher, Schneider und Gattmann. Wir durchsuchen jetzt Ihr Büro und anschließend Ihre Wohnung.«

»Wieso? Was geht hier vor? Ich verstehe nicht«, sagte Ferdinand verdattert. »Wer schickt Sie denn? Weisen Sie sich aus.«

»Ihr Arbeitgeber verdächtigt Sie der Untreue. Hier ist der Durchsuchungsbeschluss des Amtsgerichts. Sie und Ihr Kollege Franz Knechting sollen die Behörde durch fingierte Auftragsvergaben geschädigt haben.«

Kellermann hielt dem so Verdächtigten ein Papierpäckchen hin, das dieser ergriff, es in der Hand behielt, aber nicht ansah. Ferdinand stand wie betäubt da und schaute zu, wie die Beamten Akten in Kartons packten, seine Kalender nahmen, dazu legten und schließlich seinen PC abbauten. Als sie fertig waren, sagte der Kriminalbeamte: »Kommen Sie. Wir fahren jetzt zu Ihrer Wohnung.«

Nach kurzer Fahrt hatten sie Ferdinands Haus erreicht. Beim Aussteigen sah er sich nach Nachbarn um. Was sollten die denken? Scham erfüllte ihn.

Die Männer nahmen Akten aus seiner Wohnung und seinem Keller mit. Außerdem ließen sie sich den Kofferraum seines Autos zeigen. Als sie gegangen waren, setzte sich Ferdinand in die Küche und las den Durchsuchungsbeschluss. Er und sein Kollege Franz Knechting wurden beschuldigt, zusammen mit einem Netzwerk von Firmen Auftragsabwicklungen fingiert zu haben, um sich die Beträge zu teilen, die für nicht gelieferte Material berechnet worden waren.

Ferdinand schlug sich vor den Kopf. Wie konnte ein derartiger Unfug festgestellt worden sein? Er begriff es nicht. Er nahm das Telefon und wählte die Nummer seines Kollegen Franz, bekam aber keine Antwort.

Er suchte einen Rechtsanwalt aus den Gelben Seiten heraus und verabredete einen Termin für den nächsten Abend.

Als Ferdinand tags darauf an seinem Arbeitsplatz erschien, fand er die Kopie eines Schreibens des Behördenleiters an seinen Vorgesetzten vor. Darin stand, dass er für die Dauer des staatsanwaltlichen Ermittlungsverfahrens lediglich mit leichten Büroarbeiten zu beschäftigen sei. Sollte dies nicht möglich sein, müsste er aus der Dienststelle herausgelöst werden.

»Ein Arbeitsverbot, genau genommen«, dachte Ferdinand. Er fühlte sich niedergeschlagen und ohnmächtig gegen die Gewalt, die da so überraschend über ihn hereingebrochen war.

Sein Kollege Knechting war zu einer anderen Dienststelle versetzt worden, vorübergehend, erfuhr er im Laufe des Tages.

Der Rechtsanwalt erklärte bei dem Termin am Abend die einzelnen Verfahrensschritte. Zunächst würde er Akteneinsicht beantragen, müsste aber warten, bis die Staatsanwaltschaft die Unterlagen und die PC-Daten ausgewertet habe. Vorher würde nichts herausgegeben. Ferdinand sollte sich mit niemandem in Gespräche über den Vorgang einlassen und Fragen nicht beantworten, notfalls auf den Anwalt verweisen.

Es begann eine lange Zeit des Wartens und der Langeweile, tagsüber, im Büro. Nach fast einem Jahr meldete sich Ferdinands Rechtsanwalt. Er hatte die Ermittlungsakten in Kopie bekommen und durchgesehen. Das Ergebnis war in einem Vermerk zusammengefasst. Danach gab es hinreichend Belege für die Schuld der beiden Behörden-Mitarbeiter.

Ferdinand schnappte beim Lesen nach Luft. Dieses Beweismaterial war eindeutig falsch. Schließlich wusste er, dass der behauptete Betrug nicht stattgefunden hatte.

Er vereinbarte einen Besprechungstermin mit seinem Rechtsanwalt und versicherte dem bei allem, was ihm heilig war, dass die Beweise manipuliert sein mussten. Nur wie war das möglich? Der Rechtsanwalt kannte lügende Verdächtige. Dass aber jemand bei einer derart klaren Beweislage seine Schuld immer noch nicht zugab, hatte er bisher nicht erlebt.

»Haben Sie irgendeine Idee, wie das Beweismaterial hergestellt worden sein könnte?« fragte er und sah seinen Mandanten forschend an.

»Nein«, erwiderte Ferdinand spontan, zog die Augenbrauen zusammen und fuhr fort: »Oder doch?«

Er schwieg eine Weile, sah gedankenverloren an die Decke. Der Anwalt ließ ihn gewähren. Plötzlich schnippte Ferdinand mit den Fingern und rief: »Da war etwas ganz Eigenartiges, das nie aufgeklärt wurde.«

Die Behörde verfügte über acht verschiedene Dienstgebäude auf ihrem Grundstück. Jeder Mitarbeiter hatte einen Schlüssel für das Haus, in dem er arbeitete. Darüber hinaus gab es einen Aktenordner in der Pförtnerloge, in dem Duplikate aufgehoben wurden. Jedes befand sich in einem versiegelten Briefumschlag. Vor zwei Monaten hatte einer der Pförtner die Umschläge kontrolliert und dabei festgestellt, dass ein Schlüssel fehlte: der für das Gebäude von Ferdinands Dienststelle. Das Kuvert, in dem er sich befunden hatte, war unten säuberlich aufgeschlitzt worden. Wann das geschehen war, ließ sich nicht herausfinden. Es gab vier Pförtner. Sie sollten ihren Raum verschließen, wenn sie die Toilette aufsuchten, aber so genau nahmen sie diese Verpflichtung nicht. Das wusste jeder. Die Sache blieb unaufgeklärt und rätselhaft. In den Büros des betroffenen Gebäudes fehlte nichts.

»Aber vielleicht ist etwas hinzugefügt worden«, sagte Ferdinand und sein Anwalt nickte: »Genau. Das wäre eine Erklärung für die auf Ihrer Festplatte gefundenen Vermerke und E-Mails über die Geldverteilung untereinander, die in Papierform nirgendwo vorhanden sind, weder bei Ihnen, noch bei Ihrem Kollegen oder bei den betroffenen Lieferanten. Mit dem Schlüssel könnte sich jemand Zugang zu Ihrem Büro verschafft haben, um auf Ihrem PC elektronische Spuren zu legen.«

»Ja«, fiel Ferdinand dem Anwalt ins Wort. »Die PC-Adressen der Behörde sind maskiert, damit aus dem Internet nicht direkt darauf zugegriffen werden kann. Der Täter konnte sich nicht von draußen einhacken. Das ging nur bei den Lieferanten.«

»Die Vermerke und E-Mails auf den ausgelesenen Festplatten beziehen sich auf Rechnungen«, warf der Rechtsanwalt ein. »Bringt uns das weiter?«

»Ja, und ob!« rief Ferdinand. »Auf unseren PCs sind nämlich nur Anfragen, Angebote und natürlich die Namen unserer Ansprechpartner. Der Täter muss Zugriff auf die Rechnungen haben oder gehabt haben. Mein Kollege und ich verfügen nur über Kopien und die sind in abgeschlossenen Stahlschränken. Die Schlüssel nehmen wir mit nach Hause.«

Ferdinand hielt inne, überlegte, fuhr dann fort: »Vor ungefähr zwei Jahren ist eine Rechnungsprüfung durchgeführt worden. Sie dauerte drei Monate.«

»Die fraglichen E-Mails und Vermerke stammen aus dem Zeitraum Juli bis September«, ergänzte der

Anwalt. »Im November ist die Innenrevision Ihrer Behörde vom Leiter des Rechnungswesens über den Verdacht des Betrugs durch Sie und Ihren Kollegen unterrichtet worden und im Dezember hat Ihre Behörde Anzeige erstattet.«

»Ja, ohne vorher mit mir oder meinem Kollegen zu sprechen.«

»Richtig«, stimmte der Rechtsanwalt nachdenklich zu. »Es bestand offenbar ein reges Interesse daran, dass Ihr PC gespiegelt wird. Das war nur über einen Durchsuchungsbeschluss zu erreichen. Die Unterlagen, die Grundlage für die Anzeige sind, enthalten ausschließlich Vermutungen.«

»Also kämen die Mitarbeiter der Revision, der Leiter des Rechnungswesens und eventuell der Rechnungsprüfer als mögliche Täter für die Manipulation der Beweise in Frage«, meinte Ferdinand.

»Welches Motiv könnten die haben, um Ihnen und Ihrem Kollegen so bösartig mitzuspielen?«

»Keine Ahnung«, Ferdinand zuckte mit den Schultern.

»Das müssen wir noch herausfinden. Inzwischen werde ich das Gespräch mit dem Staatsanwalt suchen. Ich hoffe, der lässt sich davon überzeugen, dass weitere Ermittlungen erforderlich sind.«

Ferdinand verbrachte wieder einmal eine schlaflose Nacht. Er empfand Wut gegen den unbekannten Kontrahenten und gleichzeitig zermarterte er sich das Gehirn nach einem möglichen Motiv. Ohne Ergebnis. Irgendwann fiel er in einen unruhigen Schlaf.

Wenige Tage später rief sein Anwalt an und teilte ihm mit, dass der Staatsanwalt Nachermittlungen anstellen würde. Dann passierte wieder lange Zeit nichts und Ferdinand befiel erneut Ungeduld und die Ungewissheit, wie die Sache enden würde, nagte an ihm, genauso wie der langweilige Job, den er weiter ausführen musste.

Wieder war ein Jahr vergangen, als eine Mitarbeiterin der Anwaltskanzlei anrief, um einen Termin zu verabreden. »Endlich geht es weiter«, freute sich Ferdinand und lauschte abends gespannt den Ausführungen seines Verteidigers.

»Vor etwa einem Jahr hat der Staatsanwalt Durchsuchungsbeschlüsse gegen den Leiter des Rechnungswesens, den Rechnungsprüfer und einen Mitarbeiter der Revision erwirkt. Dabei wurden auch die privaten PCs beschlagnahmt. Anhand der Festplatte des Revisionsmitarbeiters ließ sich feststellen, dass der sich bei den Lieferanten eingehackt hatte. Der Mann hat inzwischen zugegeben, vom Leiter des Rechnungswesens angestiftet worden zu sein. Von dem hatte er auch den Schlüssel für Ihr Bürogebäude erhalten. Der Mann hielt nämlich regelmäßig einen Plausch mit den Pförtnern und manchmal auch die Stellung, wenn die austreten waren. Bei einer solchen Gelegenheit hatte er sich den Schlüssel beschafft. Den trug er doch tatsächlich an seinem Schlüsselbund.«

»Das ist ja unglaublich«, fiel Ferdinand ein. »Aber hat sich denn auch ein Motiv ergeben? Ich verstehe nämlich immer noch nicht, warum die Beiden meinem Kollegen und mir diese Betrügereien anhängen wollten.«

»Das hat sich auch geklärt. Der angebliche Verdacht gegen Sie, Franz Knechting und die Lieferanten war vom Leiter des Rechnungswesens gemeldet worden. Der hatte immer wieder Streit mit Ihrem Kollegen, der nach seiner bevorstehenden Pensionierung sein Nachfolger werden sollte. Das wollte er verhindern, indem er Ihren Kollegen aus dem Weg schaffte.«

»Dass Menschen so viel Hinterhältigkeit entwickeln können, hätte ich mir im Traum nicht vorgestellt«, bemerkte Ferdinand und fragte dann: »Und wie geht es weiter?«

»Ich beantrage jetzt die Einstellung des Verfahrens. Für Sie ist die Sache damit ausgestanden.«

»Und wer trägt die Kosten?«

»Wir«, erwiderte der Anwalt.

»Wer wir?«, stotterte Ferdinand.

»Sie und ich und die anderen Steuerzahler. Die Kosten werden der Staatskasse zufallen, wie es so schön heißt.«

Linke Hand am linken Griff!

»Hinter der nächsten Kurve gleich rechts, dann sind wir da«, sagte Else zum Taxifahrer. »Sie können da auf den Bürgersteig fahren.«

Konnte er nicht. Der Bürgersteig war mit dunkelgrün lackierten Pfosten versehen. Der Taxifahrer musste auf der Straße anhalten. In der Kurve. Die nächsten Autofahrer hupten verärgert, Reifen quietschten. Else war froh, als das Taxi wegfuhr. Weiter vorne waren weiße Parkmarkierungen geklebt, halb auf der Fahrbahn, halb auf dem Bürgersteig. Verwundert schloss sie das Tor in der Mauer auf, die das Haus umgab. Sie ging ins Haus, öffnete die Tür zu ihrer Wohnung und stellte das Gepäck im Flur ab, ging ins Wohnzimmer und zog die Rolladen hoch, öffnete die Terrassentür, ging in die Küche, um die Kaffeemaschine anzuwerfen, dann ins Wohnzimmer zurück. Mit dem Auspacken würde sie sich Zeit lassen. Mit diesem Vorsatz ließ sie sich in einen Sessel fallen. Da klingelte es. Mit einem Seufzer erhob sie sich und ging zur Tür. Draußen stand ihre Nachbarin Annegret.

»Hallo Else« rief sie. »Endlich bist du zurück. War's schön?«

»Ja, es war ein wunderbarer Urlaub. Komm doch herein, Annegret. Möchtest du einen Kaffee?«

»Ja. Gerne.«

Mit diesen Worten ging die Nachbarin zielstrebig ins Wohnzimmer, während Else kurz in der Küche hantierte und dann zwei mit duftendem Kaffee gefüllte Tassen ins Wohnzimmer balancierte..

»Du nimmst ihn doch auch schwarz, oder?« fragte sie dabei. Annegret nickte und legte dann los: »Die Pfosten auf dem Bürgersteig hast du ja bestimmt schon gesehen?«

»Ja, jetzt eben«, bestätigte Else.

»Den Coup verdanken wir dem Amt für Verkehrsmanagement. Das hat Flugblätter verteilt. Hier, sieh mal.«

Sie hielt Else ein Blatt vor die Nase. *Verbesserung des Radwegnetzes, Schaffung von Parkplätzen entlang der Fahrbahn, Verkehrsinseln*, das waren die Wörter, die Else ins Auge fielen. Als sie aufsah, sprach ihre Nachbarin Annegret gleich weiter.

»Da sollten doch tatsächlich hier in der Rechtskurve vor dem Haus Autofahrer halb auf der Straße parken. Lebensgefährlich! Wir haben Protestbriefe, Faxe, E-Mails geschickt und auf die Anrufbeantworter gesprochen und dann wurden klammheimlich die weißen Park-Markierungen in der Kurve wieder entfernt und Pfosten auf den Bürgersteig gesetzt.«

»Warum soll hier eigentlich nicht mehr auf dem Bürgersteig geparkt werden? Der ist doch wirklich breit genug«, warf Else ein.

»Stimmt. Die wollen uns ordentliches Parken beibringen. Das Amt für Verkehrsmanagement hat inzwischen noch ein Flugblatt herausgegeben und in die Briefkästen verteilt. In deiner Post ist bestimmt auch eins.«

»Den Briefkasten muss ich noch leeren« murmelte Else.

»In dem zweiten Flugblatt steht, dass nicht nur auf den breiten Stellen der Bürgersteige geparkt worden wäre, sondern auch da, wo die Bürgersteige schmal sind und Radfahrer und Kinderwagen hätten dann auf die Fahrbahn ausweichen müssen.«

»Ja, o.k.«, fiel Else ein. »Muss denn deshalb das Parken auf den breiten Bürgersteigen verhindert werden? Das macht doch keinen Sinn.«

Sie spürte, dass sie wütend wurde. Die Situation mit dem in der Kurve haltenden Taxi war ja so ungefährlich nicht gewesen.

Ihre Nachbarin hatte inzwischen das zweite Flugblatt hervorgezogen.

»Etwas Erfolg hatten unsere Proteste. Hier steht: *Die Verwaltung hat alle Maßnahmen so ausgeführt, dass sie ohne große Probleme und mit geringem finanziellen Aufwand wieder verändert oder entfernt werden konnten. Sicherlich haben Sie die eine oder andere Umgestaltung festgestellt. Es werden noch weitere folgen.*

Die haben einige der kleinen nasenartigen Inselchen vor den Bordsteinen weggemacht.«

»Solche Inselchen sind mir noch nicht aufgefallen«, sagte Else.

»Die verengen die Fahrbahn und führen zu Unfällen«, fuhr Annegret fort. »Einen Unfall hatten wir gleich zu Anfang. Da ist ein Auto über die Gegenfahrbahn geschleudert. Gestern gab es den zweiten Unfall. Da ist ein Auto gegen so ein Inselchen gefahren, der Reifen platzte und das Auto hat bei zwei parkenden Fahrzeugen die Außenspiegel abgerissen. Und weißt du, was das Amt für Verkehrsmanagement in dem zweiten Flugblatt noch geschrieben hat?«

Else sah sie fragend an.

»*Die Fahrbahnen sind auch nach der Änderung ausreichend dimensioniert, um die notwendige hohe Leistungsfähigkeit der Straße sicherzustellen. Es handelt sich nicht um eine Verkehrsberuhigung im klassischen Sinne.* Und dann heißt es: *Durch die veränderte Parkstandsanordnung wird die Charakteristik der Straße lediglich von einer außerstädtischen in eine innerstädtische Hauptverkehrsstraße verändert.* Die wollen aus einer Einfallstraße so eine Art Spielstraße machen!«

»Morgen werde ich mir das alles mal genauer ansehen«, unterbrach Else den Redeschwall. »Jetzt bin ich doch ein wenig müde.«

»Klar. Entschuldigung, dass ich gleich so über dich hergefallen bin«, meinte nun Annegret und verabschiedete sich schnell.

Else sah noch ein bisschen fern. Dabei schlief sie ein. Am nächsten Morgen fühlte sie sich wie gerädert. Sie duschte kalt. Das machte sie wach. Dann bereitete sie sich einen Kaffee. Danach nahm sie ihr Portemonnaie, um sich beim Bäcker gegenüber frische Brötchen zu kaufen.

Als sie aus der Haustür trat, hörte sie Bohrgeräusche und das Murmeln vieler Stimmen. Sie trat auf den Bürgersteig und sah, dass eine dieser nasenartigen Inseln, von denen Annegret gesprochen hatte, wieder weggebohrt wurde. Zwei Meter lang, etwa dreißig Zentimeter breit schätzte Else die Größe. Dazu kam ein Abstand vom Bordstein von etwa zwanzig Zentimetern. Das war ja ein halber Meter weniger Fahrbahn, ging es Else durch den Kopf.

Ein Stück weiter die Straße stadtauswärts in Richtung Stadtgrenze war mitten auf der Straße ein Pfosten zu sehen, der ein großes Schild trug. Jetzt fiel Else auch auf, dass hier gar keine Autos mehr fuhren.

»Was geht denn hier vor?«, sprach sie einen der städtischen Arbeiter an.

»Das hier soll eine verkehrsberuhigte Zone werden«, sagte der.

»Was soll das heißen, und was ist das für ein Schild, das da hinten mitten auf der Straße steht?«, fragte Else.

»Habe ich Ihnen doch gerade gesagt«, maulte der Mann. »Da hinten auf dem Schild steht *verkehrsberuhigte Zone.*«

Mit diesen Worten drehte er sich unwirsch um und ging weg.

Else sah sich nach jemandem um, den sie kannte. Da war Matthias, ihr siebzigjähriger Nachbar, der seine grauen Haare inzwischen in ein Strohblond verwandelt hatte. Jünger sah er trotzdem nicht aus.

»Hallo, guten Morgen, Matthias«, rief sie und er kam gleich auf sie zu und sagte: »Hallo Else.«

»Was in aller Welt geht hier vor?«, sprudelte sie los.

»Während du in Urlaub warst, haben wir uns mit Händen und Füßen gegen die gefährlichen und unsinnigen Umgestaltungsmaßnahmen gewehrt. Das Amt nimmt aber immer nur was zurück, nachdem ein Unfall passiert ist. Da drüben entfernen sie jetzt wieder eins dieser nasenartigen Inselchen.«

»Ach, das ist wohl das, an dem bei einem Auto der Reifen geplatzt ist?«, fragte Else.

»Ja, genau. Und … warte mal, was rufen die denn da?« Else und Matthias liefen zu einem Menschen-Knäuel. Der Baggerfahrer, der Else vorhin so angemault hatte, stand vor dem Bagger und rief mit rotem Kopf: »Ich habe den Auftrag gehabt, das Stromkabel, das Ihre Häuser mit Strom versorgt, zu durchtrennen. Das Amt für Verkehrsmanagement ist es leid, von Ihnen angerufen zu werden, Ihre E-Mails zu beantworten und die Briefe und Faxe, die Sie auf Ihren PCs schreiben, will es auch nicht mehr sehen. Und auch keine Leserbriefe in der Zeitung. Und wenn Ihnen das nicht passt, dann ist das nicht mein Problem!«

»Das ist ja unerhört«, empörte sich Matthias, während Einige noch sprachlos waren. Dann rief Einer: »Los, wir krallen uns den Bagger und fahren zum Amt!«

Einige Männer kletterten auf den Bagger und schubsten den verdutzten Fahrer zur Seite. »Jetzt bewaffnen wir uns erst einmal«, hörte Else einen ihrer Nachbarn rufen und sah, wie der eine dieser dunkelgrünen Pfostenverkleidungen losschraubte und hochriss. Andere folgten seinem Beispiel.

»Schlagen wir sie mit ihren eigenen Waffen«, rief jemand und bald setzte sich eine schimpfende Menschenmenge in Richtung Innenstadt in Bewegung. Else und Matthias schlossen sich dem Marsch an.

Es war ein langer Weg, auf dem auch Schäden von den Demonstranten angerichtet wurden. Manche rissen Papierkörbe aus den Verankerungen, andere begannen, Straßenbahnschienen zu demolieren. Wie viele Leute doch Äxte schnell bei der Hand hatten, wunderte sich Else.

Dann standen sie schließlich vor dem Gebäude des Amtes, einem fünfstöckigen grauen Klinkerbau. Die Menge hielt einen Moment inne, die Männer sprangen von dem Bagger, dann stürmten alle durch die offenen Flügeltüren in das Gebäude. Sie drangen in die Büros ein, rissen sämtliche Kabel aus den Steckdosen, warfen Telefone auf die Erde.

»Ihr geht ja sowieso nicht dran«, riefen sie dabei den erschrockenen Mitarbeitern zu, die fluchtartig die Büros verließen. Mit den Äxten wurden die PC-Tastaturen zertrümmert.

»Damit ihr uns nicht wieder solche Verdummungsflugblätter schreiben könnt«, riefen die Demonstranten.

Zum Abend hin waren so gut wie alle Büromaschinen unbrauchbar. Erschöpft verließen Einige das Gebäude, vor dem Else und Matthias stehen geblieben waren. Jetzt hängten zwei Frauen am zweiten Stock ein

Betttuch heraus. Darauf stand in großen roten Buchstaben »Schrift-verkehrsfreie Zone«.

Der Aufstand hatte jede Menge Reporter auf den Plan gerufen. Die Verwaltung versuchte nun, den Schaden für das Image der Stadt, die immer als Welt offen gelten wollte, zu begrenzen. Der Bürgermeister kam mit einem Megafon.

»Liebe Mitbürgerinnen und Mitbürger!« rief er. Schon ertönten Pfiffe. An den Fenstern des Gebäudes waren die Demonstranten erschienen. Polizisten bauten Absperrgitter auf, um Schaulustige abzudrängen. Krankenwagen kamen und hielten in der Nähe.

»Ich schicke Ihnen jetzt zwei meiner Mitarbeiter ins Haus«, fuhr der Bürgermeister fort. »Sie haben den Auftrag, sich mit Ihnen zu einigen.«

Die Polizisten öffneten ein Absperrgitter und ließen zwei etwa vierzigjährige Männer durch, die ins Haus gingen. Die Demonstranten verschwanden von den Fenstern.

Nach zwei Stunden war eine Einigung erzielt. Ein Mitarbeiter der Stadt erklärte in die Mikrofone und Blocks der Reporter: »Sämtliche Veränderungen an der betroffenen Straße werden wieder zurückgenommen, also auch die kleinen Inselchen werden abgebaut. An den schmalen Bürgerseigen werden Parkverbotsschilder mit Abschlepp-Androhungen aufgestellt.«

»So einfach und preiswert hätten sie es doch gleich machen können«, flüsterte Else Matthias zu und der nickte. Mit den Anderen schlenderten sie dann zurück nach Hause. Sie fühlten sich erschöpft.

Es dauerte einige Zeit, die gröbsten Zerstörungen in der Stadt zu beheben. Nach einer Woche waren alle Straßenbahnschienen wieder befahrbar. Viele Bahnen mussten aber noch repariert werden und so kamen Straßenbahnen aus dem Museum vorübergehend zum Einsatz.

Samstagmorgen. Else wollte zum Bahnhof. Als sie zur Straßenbahnhaltestelle kam, stellte sie fest, dass auf ihrer Strecke eine der Museumsbahnen fuhr. Sie kletterte über die hohen Stufen hinein und nahm auf einer Holzbank Platz. Als sie den Kopf hob, sah sie das weiße Emaille-Schild an der Tür, auf dem in geraden schwarzen Buchstaben stand *Beim Aussteigen – linke Hand am linken Griff!*

»Vor vierzig Jahren wurde den Leuten tatsächlich vorgeschrieben, wie sie aus der Straßenbahn auszusteigen hatten«, dachte Else. Dann musste sie lächeln. Klar – das Parken von Autos war damals noch kein Thema.

Die gute Tat

Der Konzernchef saß an seinem riesigen Schreibtisch. Sein Blick schweifte durch das Panoramafenster im sechsten Stock in weite Ferne, hoch über der Stadt, bei blauem Himmel, Sonnenschein, der den letzten Schnee wegtaute, also herrlichem Wetter, das gute Laune machen sollte. Die hatte der Konzernchef aber nicht. Er trommelte nervös mit den Fingern auf der Mahagoni-Platte seines Schreibtisches herum.

Nachdem er jetzt den gesamten Fuhrpark erneuert hatte durch schicke große Fahrzeuge, die über allen nur denkbaren Komfort verfügten, war Ebbe in der Firmenkasse. Was er vorher nicht für möglich gehalten hatte, war eingetreten: Die Mitbewerber senkten nach und nach die Preise. Ihm war es daher verwehrt, diese große Investition durch Preiserhöhungen wieder hereinzuholen. So hätte es aber ablaufen sollen.

Durch den Fahrzeugkauf war der Kreditrahmen des Unternehmens ausgeschöpft. Was nun? – Nach einiger Zeit sprang er von seinem Platz auf und lief aus seinem Büro hinaus in das angrenzende Sekretariat. Hier rief er: »Frau Elser, kommen Sie doch bitte einmal zu mir. Ich muss etwas diktieren!«

Eine elegant gekleidete Vierzigerin, deren dunkle Haare in eine gepflegte Kurzfrisur gelegt waren, stand von ihrem Stuhl auf, nahm sich einen Block und einen Kugelschreiber vom Schreibtisch und folgte dem Konzernchef in dessen Büro, wo sie auf einem Stuhl vor seinem Schreibtisch Platz nahm. Angespannt sah sie hoch. Wenn der Konzernchef sie zum Diktat rief, musste es sich um etwas Bedeutendes handeln. Sonst ließ er nämlich ihre Kollegin, Frau Berger, Briefe schreiben.

»Rundschreiben an die Abteilungs-Direktoren«, begann er. »Aus gegebenem Anlass ist unser Konzern gezwungen, schnellstmöglich Einsparungen vorzunehmen. Am wirkungsvollsten ist die Einsparung von Personalkosten. Ich bitte Sie daher, mir binnen zwei Wochen konkrete Vorschläge für Ihren Bereich vorzulegen. – Mit freundlichen Grüßen, Ihr …

Das schreiben Sie, ich unterschreibe es dann, und Sie bringen diese Briefe bitte persönlich zu den Abteilungs-Direktoren. Danke. Sie können gehen.«

Mit diesen Worten verabschiedete er Frau Elser.

In den Büros standen Weihnachtsdekorationen auf den Schreibtischen. Hier und da duftete es nach Weihnachtsgebäck. Überall waren fröhliche Mienen zu sehen. Die Konzernbelegschaft freute sich auf die bevorstehenden Weihnachtstage. Bald würden sie Weihnachtsgeld bekommen, mit dem sie Geschenke oder Anschaffungen, für die vom Normalgehalt nicht genug Geld übrig war, kaufen wollten.

In diese Stimmung hinein platzte das Gerücht, dass Stellen abgebaut, also Mitarbeiter entlassen werden sollten. So recht wollte das niemand glauben, denn der Konzern hatte einen festen und solventen Kundenstamm und er hatte ja auch gerade neue Fahrzeuge angeschafft.

Dann bestätigte sich das Gerücht. Die Abteilungsleiter führten Gespräche mit den Mitarbeitern, die selber Vorschläge machen sollten. Als ob sich jemand selber wegrationalisiert! Dieses Ansinnen löste Empörung aus. Die Mitarbeiter sahen nun die Anschaffung eines komplett neuen Fuhrparks mit zunehmend kritischeren Augen.

Ein Mitarbeiter kam mit einer Zeitung gelaufen. »Seht«, rief er. »Hier ist ein Foto von unserem Konzernchef, wie er gerade unserem Opernhaus einen Spendenscheck überreicht, über einen horrend hohen Betrag! Dafür ist Geld da, genauso wie für die neuen Autos! Und von uns sollen welche entlassen werden!«

Die Entrüstung unter der Belegschaft wuchs und es bildete sich eine Gruppe, die spontan bei der Konzernleitung vorsprechen wollte. Sie machte sich zornig auf den Weg nach oben in die sechste Etage.

Sie fuhr mit dem Aufzug hoch. Der Aufzug hielt an, die Türen öffneten sich, die Gruppe trat hervor und stand vor einem gerundeten Empfangstresen, hinter dem zwei Herren in hellgrauen Anzügen saßen. Rechts neben dem Empfangstresen stand ein üppig geschmückter Weihnachtsbaum.

Einer der Empfangsherren erhob sich und fragte: »Sie wünschen?«

»Wir möchten mit der Konzernleitung sprechen«, meldete sich ein Mann zu Wort.

»Dann müssen Sie sich vorher einen Termin geben lassen. Jetzt findet gerade die Weihnachtsfeier der Konzernleitung statt. Da können Sie sowieso nicht stören!«

Die Gruppe zog sich enttäuscht in den Aufzug zurück, der immer noch mit offenen Türen da stand. Schweigend fuhren sie nach unten und blieben ratlos stehen.

Ein Mann aus der Gruppe sagte: »Ich habe eine Idee. Ich gehe jetzt ganz schnell nach Hause. Ich wohne direkt um die Ecke. Dort ziehe ich mein Nikolauskostüm von unserer letzten Weihnachtsfeier an und damit komme ich oben durch.«

Die anderen machten erstaunte Gesichter, dann nickten sie, aber jemand warf ein: »Aber wir können dann nicht mitkommen, oder?«

»Stimmt«, erwiderte der, der den Nikolaus spielen wollte. »Ich muss alleine gehen und ich werde es machen.«

Raschen Schrittes ging er fort.

Nach etwa zehn Minuten war der Mann in einem Nikolauskostüm zurück und stieg wieder in den Aufzug. Am Empfang in der sechsten Etage sagte er selbstsicher: »Die Herren erwarten mich.«

»Bitte, gehen Sie durch«, erwiderte einer der Empfangsherren. »Sie müssen hinten durch die blaue Tür gehen. Dann führt eine Wendeltreppe hinauf zum Feierraum der Konzernleitung.«

Auf der Wendeltreppe hörte er bereits den Lärm einer Gesellschaft, die feierte. Er hielt inne. Nach einer Weile richtete er sich auf und ging entschlossen durch die Tür zu den Feiernden. In der Mitte des Raumes, der oval war und zu allen Seiten Fenster hatte, stand ein riesiges Büffet. Alles, was teuer ist, war darauf zu sehen, ein ganzer Salm, Kaviar, Austern … – eine sorgfältige Dekoration ließ es fast unwirklich erscheinen. Noch war es unangetastet. Die Herren standen in Grüppchen herum und tranken Champagner.

Der als Nikolaus verkleidete Mann ging schnell durch den Raum bis zum Kopfende des Tisches. Dort angekommen, klingelte er mit der Glocke, die er bei sich hatte. Dabei rief er: »Meine Herren, ich bitte um Ruhe!«

Nach und nach trat Stille ein. Die Herren hatten sich erwartungsvoll auf ihre Stühle gesetzt.

»Erinnern Sie sich?« fragte der Nikolaus. »Damals, als Sie noch Kinder waren, fieberten Sie dem Weihnachtsfest entgegen. Nicht dem Essen und Trinken wie heute …« – Einige lachten und nickten zustimmend. »Vielmehr warteten Sie gespannt auf Ihre Geschenke und fragten sich, ob Ihre sehnlichsten Wünsche in Erfüllung gehen würden?«

Ein Lächeln huschte den Herren übers Gesicht.

»Haben Sie nun selbst Kinder?«, fragte der Nikolaus weiter und eifriges Nicken antwortete ihm. »Können Sie sich vorstellen, wie bitter enttäuscht Ihre Kinder wären, wenn sie keine Weihnachtsgeschenke bekämen?«

»Um Himmels Willen«, riefen einige mit entsetztem Gesichtsausdruck.

Der Nikolaus machte eine lange Pause. Dann fuhr er fort: »Aber den Kindern einiger Ihrer Mitarbeiter wird dieses Schicksal zuteilwerden, während Sie in den komfortabelsten Autos fahren und feiern nach dem Motto Kosten spielen keine Rolle. – Kehren Sie um. Noch geht es. Verzichten Sie auf einen Teil Ihres nicht unbeträchtlichen Einkommens. Erhalten Sie so die Arbeitsplätze.«

Schlagartig entstand lautstarkes Gemurmel, und dann begann eine erbitterte Diskussion.

Währenddessen schlich der Nikolaus weg. Als er wieder im Aufzug stand und sich die Türen geschlossen hatten, streifte er rasch die Verkleidung ab und tat sie in einen mitgebrachten Plastiksack, den er in einer Aufzugecke stehen ließ. Dann ging er an seinen Arbeitsplatz.

Zwei Tage später erschien die große Regionalzeitung mit einem Gruppenbild der Abteilungsdirektoren des Konzerns auf der Titelseite. Hervorgehoben wurde deren vorbildliches und fürsorgliches Verhalten. Zum Erhalt von Arbeitsplätzen hatte jeder von ihnen einen Teil seines Einkommens für die Dauer eines Jahres geopfert, hieß es. Darüber hinaus hatten die Herren dem Konzern aus ihrem Privatvermögen langfristige zinslose Darlehen gegeben, war weiter zu lesen. – Ein Nikolaus wurde nicht erwähnt.

Verpasste Gelegenheit

Kurt Burghalter blieb an dem Straßen-Café stehen. Er spürte wieder den stechenden Schmerz in seinem linken Bein. Er sah sich nach einem freien Tisch um und humpelte langsam darauf zu. Die Café-Gäste nahmen von ihm keine Notiz.

Kurt ließ sich auf einen Korbstuhl fallen. »Warum haben die bloß solche niedrigen Stühle?« fragte er sich. Früher war ihm das gar nicht aufgefallen. Früher ..., da wurde er auch noch von vielen Leuten erkannt.

»Was wünschen der Herr?« fragte die Kellnerin.

»Bitte, bringen Sie mir ein Kännchen Kaffee«, antwortete Kurt und bald darauf standen Kaffeekännchen, eine Tasse und ein Tellerchen mit Keksen auf seinem Tisch. Als er nach der Kanne griff, durchzuckte ein Schmerz sein Bein, als hätte jemand mit einem Messer hineingestochen. Kurt hielt wie gelähmt inne, dann war der Schmerz weg.

Er atmete erleichtert aus. Nun konnte er den Kaffee sogar genießen. Er griff auch nach den Keksen, die ihm wunderbar schmeckten. Da hörte er eine tiefe männliche Stimme: »Wen haben wir denn da? Hallo, Herr Burghalter, guten Morgen, ich grüße Sie!«

»Oh, hallo Herr Blatt, guten Tag«, antwortete Kurt überrascht. »Setzen Sie sich doch zu mir.«

»Ja, gern«, erwiderte Blatt und ließ sich neben Kurt nieder.

»Bitte eine Tasse Kaffee«, rief er der Kellnerin vom Tisch aus zu.

»So genießen Sie also Ihren Ruhestand«, sagte er dann. »Endlich haben Sie Zeit. Zeit für sich und den Müßiggang, stimmt's?«

Kurt nickte zustimmend. Dass er hier nur saß, weil er nicht mehr hatte laufen können, wollte er nicht zugeben und auch nicht, dass er lieber noch gearbeitet hätte und nur Pensionär war, weil seine Firma Konkurs gemacht hatte. Schnell fragte er deshalb zurück: »Und was machen Sie so? Seitdem Sie Ihren Job als mein Büroleiter aufgegeben und sich selbständig gemacht haben, sehe ich Sie heute zum ersten Mal wieder.«

»Ja, das ist richtig. Wir haben uns tatsächlich jahrelang nicht getroffen. Das ist mir gar nicht bewusst gewesen, aber ich war auch so im Geschäft, wie man so schön sagt, ich hatte einfach keine Zeit, mich einmal bei Ihnen zu melden.«

»Mit anderen Worten: Ihre Entscheidung sich selbständig zu machen, war ein voller Erfolg«, stellte Kurt fest.

»Ja, genau«, erwiderte Blatt und rührte dabei den Kaffee in seiner Tasse mit dem schweren Silberlöffel um. Beide schwiegen. Hatten sie sich überhaupt etwas zu sagen? Schließlich brach Blatt die Stille und fragte: »Erinnern Sie sich noch an den Vorschlag dieser Frau Bertold?«

Burghalter warf ihm einen überraschten Blick zu. »Ja«, sagte er dann. »Ich kann mich ganz genau an den Vorschlag erinnern. Es handelte sich um eine Konzeption der Kundenorientierung. Der Vorschlag enthielt angeblich sogar Belege für den Erfolg dieses Ansatzes.«

»Ehrlich, daran erinnern Sie sich? Nach so vielen Jahren?«

»Ja. Frau Berthold hatte mir den Vorschlag geschickt. Ich aber hatte keine Zeit, ihn zu lesen. Sie sollten mir die Sache vom Hals halten – habe ich damals gesagt.«

»Stimmt. Sie hatten keine Zeit, sich mit den Gedanken einzelner Mitarbeiter zu beschäftigen. Und so habe ich seinerzeit mit der Frau telefoniert. Danach hat sie noch ein paar Erklärungen geschrieben. Sie haben dann angewiesen, die zusammen mit dem Vorschlag zu Direktor Meierhöfer zu schicken.«

»Ja, klar, die Frau hatte ja die Hierarchie übergangen.«

»Eben. Deshalb schickte Meierhöfer das Ganze an den zuständigen Abteilungsleiter und der hat schließlich unter Ihrem Namen einen Brief formuliert, in dem er durchblicken ließ, dass der Vorschlag nicht brauchbar sei.«

Burghalter grinste. Dann sagte er: »Was wohl aus der Frau geworden ist?«

»Die ist Geschäftsführerin in meinem Betrieb.«

»Was? Wieso das denn?«

»Na ja, ich hatte mir die Zeit genommen, den Vorschlag zu lesen. Er ist die Grundlage meines Geschäftserfolgs.«

Vorwärts!

Tock, tock, tock. Walter S. pickte grüne Papierschnipsel mit seiner Stange auf. Dann streifte er sie ab in die kleine Schubkarre, deren Räder leise quietschten, wenn er sie hinter sich her zog.

Er hielt inne, stützte die Arme auf seine Stange, sah sich um. Vor einer Stunde hatte er angefangen zu picken, und doch war das Pflaster des weiten Platzes zwischen den Ruinen der großen Kirche und den drei Kaufhäusern von Papierabfall bedeckt. Er schloss die Augen. Heute war der Tag, auf den er seit Jahren gewartet hatte, der Beginn eines neuen Lebens. Er dachte an die trostlose Zeit, in der er Woche für Woche zur Arbeitsagentur gelaufen war und der Sachbearbeiter bereits den Kopf schüttelte, wenn Walter die Tür öffnete. Mit Bitterkeit erinnerte er sich an das dunkle, kleine Zimmer, in dem er zur Untermiete gewohnt hatte.

Mit dem Arbeitsvertrag in der Tasche hatte er ein größeres, helles Zimmer bei einem anderen Vermieter gefunden, der ihm sympathisch erschien, und der die Heizung in dem Raum nicht heruntergedreht hatte. Bei der Vorstellung, am Abend in sein warmes Zimmer zurückzukehren, umfing ein Lächeln Walters Lippen.

Diese verhasste Kälte, die klamme Bettdecke wollte er nie wieder spüren müssen.

Er öffnete die Augen, strich sich eine Haarsträhne aus dem Gesicht und ließ den Blick über den Platz schweifen. Einst flanierten hier Menschen. Bodenmaler zeichneten ihre riesigen Bilder und Musikgruppen spielten und sangen.

Walter gab sich einen Ruck. *Tock, tock, tock*, pickte er wieder Unrat auf und streifte ihn in seine Schubkarre ab. Seinen neuen Job wollte er nicht mit Träumen von der schönen bunten Vergangenheit aufs Spiel setzen. Er machte also weiter ordentlich sauber, bis er den Kiosk-Wagen auf den Platz fahren sah. Der Fahrer sprang heraus und läutete mit seiner Klingel. Das war das Zeichen für die Mittagspause.

Walter strebte mit den anderen Stadtreinigern zu dem Wagen, an dem es für wenig Geld einen heißen Kaffee, ein Brötchen oder eine Rosinenschnecke gab. Die leistete er sich immer samstags. Damit läutete er sein kurzes Wochenende ein, das nur noch am Sonntag stattfand. Lange vorbei waren die Zeiten der Fünfunddreißig-Stunden-Woche.

»Hallo, Walter«, hörte er hinter sich rufen und schaute nach hinten.

»Ach, du bist es, Georg.«

Die Beiden kannten sich schon seit Jahrzehnten. Sie waren zusammen zur Schule gegangen. Nun standen sie gemeinsam an, um sich einen Kaffee zu kaufen, den sie zu ihren mitgebrachten Butterbroten tranken. Sie trafen sich an einer der drei Bänke, die auf dem Platz standen. Dort wartete ihr Freund Lothar, der dieses Mal dran war, die Bank frei zu halten. Georg brachte ihm seinen Kaffee mit.

»Hallo, Jungs«, wurden sie begrüßt, als sie sich auf der Bank niederließen, um gedankenverloren ihre Brote zu verzehren.

»Du hast heute ja nur ein Brot dabei, Lothar«, fiel Walter auf einmal auf.

»Tja, das sieht nur so aus. Ich hatte schon zwei mit, aber dann lag da wieder dieser dürre Alte im Hauseingang hinten auf der Liesegangstraße …«

»Du meinst den, dem du schon ein paar Mal gesagt hast, dass er sich einen anderen Liegeplatz suchen soll?«, unterbrach ihn Georg.

»Ja, genau den meine ich. Ich habe es ihm wieder gesagt, dass wir unseren Job riskieren, wenn wir Obdachlose nicht verjagen, und er hat mir hoch und heilig versprochen, sich nach einer anderen Stelle umzusehen. Dann hat er mich unendlich traurig angesehen. So konnte ich nicht anders, als ihm mein halbes Mittagessen abzugeben.«

Nach der Pause verließen die Drei die Bank, um ihre Arbeit wieder aufzunehmen.

Walter S. hielt einen Moment inne, griff sich in den verfilzten Bart, sah dann auf seine abgetragenen Schuhe hinab. Das war aus ihm geworden, dem ehemaligen Geschäftsführer eines riesigen Dienstleistungs-Unternehmens. Er atmete tief ein. Dann seufzte er. Zum Glück erkannte ihn inzwischen niemand mehr. Zuviel

Zeit war vergangen. Alt war er geworden. Nur mit Mühe hatte er seine Haut retten können, damals. Ihm wurde heiß, als er sich erinnerte, wie die Meute hinter ihm her jagte und er über die Schlaglöcher in den verrotteten Straßen stolperte, als herausgekommen war, dass die ganze Misere auf ihn zurück ging.

Er pickte wieder ein Stück Papier auf. Als er die Stange hoch nahm, las er: »..schulden Sie dem Dienstleister Schadensersatz nebst Zinsen und Mahnkosten.«

Wie elektrisiert streifte er das Papier in die Schubkarre. Schnell pickte er das nächste Stückchen auf. Er wollte nicht wissen, was darauf stand, aber dann sah er doch hin. »Die Sache war allein aus Sicht des Dienstleisters zu betrachten«, las er. Wütend zerriss er das Papierstück, bevor er es in die Schubkarre warf.

Einst war er Inhaber eines florierenden Unternehmens, aber das reichte ihm nicht und so gründete er eine Tochterfirma. Mit der wollte er besonders schnell Geld verdienen. Aus dem Grund betrieb er sie mit nur sehr wenigen Mitarbeitern. Die lasen die Post und legten die Inhalte zu Gunsten der Tochterfirma aus. So wurden zahlreiche Verträge gegen den Willen der Kunden verlängert. Auf Briefe und Einwände wurde nicht geantwortet. Viele Zwangskunden ließen sich auf die Art zur Kasse bitten.

Manche aber weigerten sich zu zahlen. Dann kam es zu Klagefällen. Die eingesparte Sachbearbeitung war damit auf Rechtsanwälte und Gerichte verlagert und die Kosten dafür trug meist der Kunde, denn oft war die juristische Sicht gegen ihn. So auch in dem Fall, der Walter S. schließlich zum Verhängnis wurde.

Ein Mann hatte ein Fax geschickt. Er wollte damit erreichen, dass die Tochterfirma mit seinem Freund einen Vertrag schließt. Stattdessen wurde der Mann, der das Fax schickte, zum Kunden gemacht. Und so oft er auch schrieb. Er bekam nie eine Antwort. Die Tochterfirma verklagte ihn schließlich, weil er nicht zahlte.

Der Richter bemängelte, der Mann habe sich nicht juristisch einwandfrei ausgedrückt. Dass die Tochterfirma von Walter S. keinen Versuch gemacht hatte, die Sache friedlich beizulegen, fand er nicht erwähnenswert.

Dieser Fall sprach sich herum. Immer mehr Unternehmen sparten sich nun die Sachbearbeitung und entließen Mitarbeiter. Die Richter erstickten bald in Klagefällen. Immer mehr junge Leute entschieden sich für ein Jurastudium. Das sollte sie davor schützen, zum Beispiel beim Bäcker gegen ihren Willen Brot oder Kuchen abnehmen zu müssen. Außerdem konnten sie sich auf eins verlassen: Wo einfachste Sachverhalte des täglichen Lebens durch Gerichtsentscheidung geklärt werden mussten, würde es für sie immer etwas zu tun geben.

Bald mussten viele Branchen ihre Produktion einstellen. Das Land verwaltete nur noch seine Streitigkeiten. Es versank in Armut und Arbeitslosigkeit. Schließlich hatte auch niemand mehr die Möglichkeit, Streitigkeiten vor Gericht auszutragen. Den Leuten fehlte das Geld dazu. Rechtsschutzversicherungen gab es nicht mehr.

Zu dem Zeitpunkt genoss Walter S. das Leben in seiner Villa. Nach dem Verkauf seines Unternehmens samt Tochterfirma hatte er sich zur Ruhe gesetzt. Von dem Gewinn konnte er gut leben.

Eines Tages blieben die üblichen Lebensmittel-Lieferungen aus. Bei den Lieferanten ging niemand ans Telefon. Da das Wochenende bevorstand und er keine Vorräte mehr hatte, entschloss sich Walter S., in der Nachbarschaft einzukaufen.

Als er auf die Hauptstraße einbog, fiel ihm auf, wie verfallen die Häuser waren. Kopfschüttelnd sah er sich um. Wie sahen denn die Leute aus? War denn schon wieder Karneval? Die liefen ja alle als Lumpenmann herum. Da hörte er einen rufen: »Da, das ist er!«

Und als er sich umdrehte, sah er, wie sich eine Meute in Bewegung setzte. Er war gemeint. Das begriff er sofort. Er lief los, so schnell er konnte und in einem Gassenlabyrinth gelang es ihm, sich zu verstecken, sodass die Menge vorbeilief. Nach Einbruch der Dunkelheit schlich er nach Hause. Vor dem Hauptportal stand die Ansammlung zerlumpter Menschen. Er lief zum Gartentor, durch das er von hinten auf das Grundstück gelangen konnte.

Als er das dunkle Wohnzimmer betrat, kletterte gerade ein Mann durch das offene Seitenfenster. Walter S. erkannte ihn noch von der Gerichtsverhandlung. Das war der, der seinerzeit das Fax geschickt hatte. Der Mann sprang vom Fensterbrett auf den Boden, sah hoch, blickte Walter S. ins Gesicht und sagte: »Es wird Zeit für Sie zu verschwinden. Wir ziehen jetzt hier ein.«

Eine Stimme riss Walter S. aus seinen Erinnerungen: »Pick weiter auf, Alter, sonst bist du deinen Job los.«

Er machte schnell weiter, pickte auf etwas Weiches, hörte: »Au! Nach Paragraphen soundso und soundso Strafgesetzbuch verurteile ich Sie wegen Körperverletzung ...«

Walter S. erkannte den Mann.

»Sie waren damals der Richter«, knurrt er. »Ihr Vortrag ist nach Paragraph soundso Zivil-Prozess-Ordnung kostenpflichtig abgewiesen.«

Der Fehltritt

Eines Mittags traf Elsa Bartmann vor dem Supermarkt die Lehrerin Gisela Feldmann und verwickelte sie in ein Gespräch.

»Hallo, Frau Feldmann, wohin so eilig?«

»Na ja, ich muss für das Wochenende einkaufen«, entgegnete die.

»Was halten Sie denn von dem plötzlichen Verschwinden des Architekten Winterberg. Wohnt der nicht genau neben Ihnen?«

»Ja, der wohnt neben mir, aber ich weiß nichts von seinem Verschwinden. Erzählen Sie mal«, antwortete Gisela Feldmann, die nun neugierig geworden war.

»Wie Sie wissen, war er Angestellter in dem großen Architekturbüro auf der Bertastraße. Und soweit mir bekannt ist, sollte er Luxus-Eigentumswohnungen für den südlichen Stadtrand entwerfen und bauen lassen.«

»Aber das ist doch ein Nachtjackenviertel!« rief Gisela Feldmann entsetzt.

»Ja, das stimmt. Die Inhaber des Architekturbüros waren dem Vernehmen nach davon ausgegangen, dass diese Wohnungen unverkäuflich sein würden. So hätten sie die dann abschreiben können.«

»Macht das denn Sinn?«

»Ich glaube schon. Wie ich inzwischen erfahren habe, wurden von ihnen weiträumig um den geplanten Neubau herum alle Häuser zum Spottpreis aufgekauft. Und wenn die abgerissen worden wären«, Elsa Bartmann machte eine Kunstpause: »Dann wäre da kein Nachtjackenviertel mehr und die Architekten hätten die Luxus-Eigentumswohnungen selbst beziehen können. Kostenlos, weil die Wohnungen ja schon abgeschrieben gewesen wären.«

»Ach so«, sagte Gisela Feldmann.

»Ihr Nachbar Winterberg«, fuhr Elsa Bartmann fort »hat eigenmächtig preiswerte Häuser bauen lassen und alle Wohnungen sind verkauft worden, an die Leute aus dem Viertel, die Interesse an einer Verbesserung ihrer sozialen Situation hatten. Als die Inhaber des Architekturbüros davon erfahren hatten, kündigten sie Winterberg fristlos und dann gab es einen Termin beim Arbeitsgericht, aber Winterberg ist vorher verschwunden.«

Für Winterberg war die Kündigung ein Schlag ins Gesicht. Ihm wurde Arbeitsverweigerung vorgeworfen. Er habe vorsätzlich seinen Arbeitgeber geschädigt, hieß es in der Begründung der Kündigung. Dabei hatte er doch nur Gutes für seinen Arbeitgeber getan, fand er. Niemals wären Luxus-Eigentumswohnungen in der besagten Gegend verkäuflich gewesen. Ihm war nicht bekannt, dass sein Arbeitgeber Häuser und Grundstücke in der Gegend aufgekauft hatte, um sie abreißen zu lassen, damit er zu einem späteren Zeitpunkt einen Gewinn und Vorteile erzielen konnte. Winterberg suchte einen Rechtsanwalt nach dem anderen auf, aber keiner war bereit, seine Verteidigung zu übernehmen.

In seiner Verzweiflung kam er auf die Idee, zu der alten Frau zu gehen, von der er gelegentlich gehört hatte. Sie galt als Ratgeberin der Richter, die sich auf sie beriefen. Er wusste nicht genau, wo er sie antreffen konnte und ob sie dann mit ihm sprechen würde. Sie sollte sich aber in unmittelbarer Nähe des Gerichts aufhalten.

Als er sich dem Gericht näherte, sah er dort eine Frau neben der Treppe zum Eingang sitzen, die in der rechten Hand einen langen Stab und in der linken Hand einen Palmzweig hielt.

»Das muss sie sein«, dachte er und blieb in gehörigem Abstand vor ihr stehen. Er trug seinen Fall vor und fragte, ob sie ihm helfen wolle, bekam aber keine Antwort. Das erklärte er sich mit dem hohen Alter der Frau. Wahrscheinlich hörte sie schlecht. Er trat näher an sie heran. Nun glaubte er zu sehen, dass ihre Hände zitterten. Spontan streckte er seine rechte Hand aus und berührte Stein. Er schreckte zusammen, fühlte sich benommen, stolperte und stürzte in einen großen leeren Blumenkübel, der neben der Versteinerten stand. Seitdem galt er als verschwunden.

Das Gericht gab Winterbergs Arbeitgeber Recht und verurteilte Winterberg zu einer Geldstrafe, weil er dem Termin ohne Angabe von Gründen fern geblieben war.

Die Befragung

Drama in einem Akt

Lautsprecher: Der nächste, bitte!

Personalleiter: Ihr Name?

Mann: Pfau.

Personalleiter: V. Das ist doch nur ein Buchstabe!

Mann: Nein. Das ist mein Nachname, p, f, a, u.

Personalleiter: Ach so. Und Ihr Vorname?

Mann: Lux.

Personalleiter: Ah, da ist ja Ihr Vorgang. Sie üben eine Nebentätigkeit ohne Genehmigung aus. Stimmt das?

Mann: Nein.

Personalleiter: Wieso nein? Ich habe Ihren Antrag vom 27. März vor zwei Jahren nicht bearbeitet und folglich können Sie auch keine Genehmigung haben.

Mann: Ja, und außerdem befragen Sie mich jetzt, nachdem Sie wissen, dass mir meine privaten Unterlagen entwendet worden sind.

Personalleiter: Genau. Hier ist Ihr Gedächtnis gefordert!

Mann: Das ist gar nicht nötig. Ich habe nämlich trotzdem Ihr Anschreiben, in dem Sie mir seinerzeit die Frage stellten, ob ich die zuvor genehmigte Nebentätigkeit weiter ausüben will. Und diese Frage habe ich ganz klar mit JA beantwortet.

Personalleiter: Geben Sie mal her!

Mann: Diese Unterlagen gebe ich nicht aus der Hand!

Personalleiter: Dann werfe ich Ihnen vor, dass Sie sich während der Dienstzeit mit Ihrer Nebentätigkeit beschäftigt haben.

Mann: Wie bitte? Wann soll das denn gewesen sein?

Personalleiter: Heute, zum Beispiel. Das Protokoll dieses Gesprächs ist der Beweis. Ich mahne Sie hiermit ab. Und ich verbiete Ihnen jegliche Nebentätigkeit. Widerspruch ist zwecklos. Der führt zur Kündigung. Verstanden?

Mann: Nickt.

Weihnachtsdeko

Er hatte es endlich geschafft. Der Weihnachtsbaum stand kerzengerade. Nun mussten die neu erstandenen Dekorationen angebracht werden. Dieses Jahr sollten es rosa und silberfarbene große und kleine Kugeln sein, rosa Kerzen, elektrische natürlich, aber sie flackerten wie echte Kerzen, und silberne und rosa Schleifen, die dem Baum den letzten Schliff geben sollten. Alle Bekannten hatten zu ähnlichen Farbkonstellationen gegriffen.

Auch die anderen Dekorationen waren im Wohnzimmer aufgestellt worden: hölzerne Nussknacker, eine Engelskapelle und die große Pyramide aus dem Erzgebirge. An den Fenstern hingen Sterne, ein Räucherkerzen-Männchen verbreitete an dem Tag zum ersten Mal Duftwolken.

Schalen waren bereit gestellt mit Weihnachtsgebäck. Printen luden zum Knabbern ein. Auf einem Teller türmten sich Walnüsse, zwischen denen dekorativ orangefarbene Mandarinen mit grünen Stängeln und Blättern lagen. Ein Strauß Eukalyptus kam in einer weißen Vase aus edlem Porzellan zur Geltung.

Alles war somit bestens gerichtet und doch – sie empfanden keine richtige Freude.

»Es fehlt noch was«, sagte er. »Irgendetwas müssen wir noch machen«, fuhr er fort und sie nickte zustimmend. »Am besten gehen wir sofort los, die Geschäfte sind ja noch eine ganze Zeit lang geöffnet.«

Sie zogen sich schnell ihre mit Fell gefütterten Schuhe und die wattierten Jacken an und eilten zur Bushaltestelle. Der nächste Bus fuhr in zwei Minuten, und zehn Minuten später waren sie in der Stadt.

Dort mischten sie sich unter die vielen anderen Menschen, die noch nach Geschenken Ausschau hielten. Vor manchen Schaufenstern verweilten sie, wenn ihnen die Dekoration besonders gut gefiel. In manche Läden gingen sie hinein. Aber so einfach war das nicht. Nach einer Stunde hatten sie immer noch nichts gefunden.

Da sahen sie von weitem eine Menschentraube und von der wurden sie geradezu magisch angezogen.

»Sieh mal«, sagte er, »Was es da wohl gibt?«

»Wir stellen uns mit an«, sagte sie, »vielleicht finden wir dort, was wir suchen.«

Als sie sich an die Menschentraube anschlossen, bemerkten sie, dass ihnen einige Leute mit strahlenden Gesichtern entgegen kamen.

»Gibt's da was umsonst?«, rief er einer Frau scherzend zu und die antwortete ihm lachend: »Ja! Das sollten Sie sich nicht entgehen lassen!«

Die Menschentraube schob sich immer weiter nach vorne, bis eine große Tür sichtbar wurde. Es war eine massive Holztür, sodass die draußen Stehenden nicht nach drinnen schauen konnten. Er und sie merkten das aber nicht, da sie sich inzwischen in ein Gespräch vertieft hatten.

Endlich! Nun standen sie vor der Tür. Sie hielten einen Moment inne und schauten sich erwartungsvoll an.

»Dann wollen wir mal«, sagte er, umfasste den Türgriff und stieß die Tür auf.

Gleißend helles Licht blendete sie im ersten Augenblick, sodass sie zusammenzuckten. Das war so unerwartet. Dann fiel die Tür hinter ihnen mit einem dumpfen Geräusch ins Schloss. Als wäre ein Dimmer betätigt worden, verringerte sich die Lichtmenge und nun sahen sie ein Krippenspiel, das von Kindern dargeboten wurde, mit echten Tieren, die so still standen, dass sie im ersten Moment wie aus Holz geschnitzt wirkten.

Über dem Krippenspiel waren luftige weiße Wolken zu sehen. Darauf saßen Kinder-Engel mit Instrumenten, deren Musik leise den Raum erfüllte. Mehrere Posaunen wechselten sich mit einer Harfe ab. Diese Musik zog sie und ihn weiter in den Raum hinein.

Da hörten sie einen Bach plätschern, an dessen Ufer Gras und Gänseblümchen wuchsen. Sie liefen am Bachufer entlang. Als sie wieder aufsahen, stellten sie fest, dass sie sich auf der anderen Seite des Krippenspiels befanden. Sie hatten es offenbar umrundet.

Sie hielt inzwischen einen Strauß wilder Blumen in den Händen. Er sah auf dem Marmorboden vor dem Krippenspiel eine Peitsche liegen und hob sie auf. Dabei fiel ihm sein Kreisel aus Kindertagen ein und in dem Moment rollte ein solcher Kreisel auf ihn zu. Er zögerte nicht, sondern trieb ihn mit der Peitsche an. Nun war er wieder fünf Jahre alt.

Dann begann der Kinderchor Weihnachtslieder zu singen und beide sangen mit. Die Texte kannten sie noch. Sie hatten lediglich in den vergangenen Jahren vergessen, dass Weihnachten kein Event war, das »kicken« muss.

Licht an!

Die Mediendemokratie hatte es inzwischen auf drei Fernsehsender pro Kopf gebracht. Nachdem in den vorausgegangenen Jahrzehnten das Interesse am Reality-TV bei der Bevölkerung immer größere Nachfrage hervorgebracht hatte, waren die Sender wie Pilze aus der Erde geschossen.

Fernsehkameras waren fast überall installiert. Eine ausgeklügelte Technik hatte die Problematik des Persönlichkeits- und Datenschutzes beseitigt. Bei Aufnahmen aus Räumlichkeiten, die der allgemeinen Öffentlichkeit unzugänglich waren, wie zum Beispiel Büroräumen, Werkshallen, Pförtnerlogen, Aufzügen, legten sich automatisch Raster über die Gesichter. Die Personen erschienen schemenhaft, sodass ihre Kleidung auch nicht identifizierbar war. Außerdem wurden die Stimmen so moduliert, dass sie nicht bestimmten Personen zuzuordnen waren. Die Aufnahme-Orte wurden von den Sendern nicht preisgegeben. Hierauf stand schärfste Bestrafung.

Zu Anfang störten die Werbeunterbrechungen. Dann aber wurde beschlossen, die Reality-TV-Sender durch Steuern zu finanzieren. Die Regierung hatte großes Interesse an solchen Sendern. Mit dem Reality-TV aus der Welt der Arbeit sollten mehr Transparenz geschaffen und die Stärkung der Verantwortung des Einzelnen gefördert werden, hieß es. Anti-Korruption, Anti-Mobbing, Anti-Stress waren die gängigsten Schlagworte.

Räume ohne Fernsehkameras gab es nur wenige. Die Unternehmen mussten sie sich genehmigen lassen. Es wurden Anstrengungen unternommen, Überwachungs- und Überprüfungs-Mechanismen einzurichten, um zu verhindern, dass mit den nicht zum Netz des Reality-TV gehörenden Räumlichkeiten die Transparenz-Ziele der Medien-Demokratie unterlaufen wurden. Es gab keine TV-Programm-Zeitschriften mehr. Zu zahlreich waren die Sender, zu ähnlich die Programme.

Heute war Ewalds erster freier Tag. Er hatte eine Woche Freizeitausgleich für Überstunden. Die meiste Zeit wollte er nutzen, um im Garten zu arbeiten. Das sonnige, aber nicht zu warme Wetter lud regelrecht dazu ein. Endlich konnte er einmal ohne Zeitdruck Unkraut jäten, ein paar Anpflanzungen verändern, den Wasserhahn draußen abdichten.

Außerdem wollte er den lang ersehnten Fliederbaum setzen. Er hatte sich schon in mehreren Gartencentern umgesehen. Die Auswahl war riesig und die Preise überraschend niedrig. Aber, bevor es soweit war, musste er sich erst einmal entspannen und das gelang ihm immer wunderbar, indem er sich ein Stündchen vom Fernseher berieseln ließ.

Er ging die programmierten Sender durch. Öde und langweilig erschienen ihm die Programme. Dann begann er zu zappen. Öde und langweilig, stellte er immer wieder fest, bis er einschlief.

Als Ewald erwachte, sah er auf dem Fernsehschirm *Hier wird gemoppt.* Weiße Schrift auf schwarzem Grund. Ein wenig unruhig kam ihm der Text vor. Es war ein Schild, das jemand vor die Kamera hielt. Dann wurde es plötzlich weggezogen und er sah einen Schatten davonhuschen. Anschließend kam das Senderlogo, eine weiße Maus vor dunkelblauem Hintergrund und eine männliche Stimme sagte »Bleiben Sie uns treu.«

Ewald schaltete ab und ging in den Garten.

Es gab kaum noch Zeitungen. Lokale Blätter gar nicht mehr. Fünf überregionale Zeitungen lieferten sich einen erbarmungslosen Konkurrenzkampf. Eine davon war der Einblick. Der titelte am nächsten Morgen *1 Mio zu gewinnen.* Machen Sie mit. Finden Sie heraus, wie das Unternehmen heißt, bei dem gemoppt wird. Schalten Sie die weiße Maus an! Unterstützen Sie so die Mobbing-Opfer. Lesen Sie die Schilder des Schattens! Im Text war die Rede von der Gründung einer Stiftung für Mobbing-Opfer.

Herausgeber des Einblicks war der Sender Weiße Maus. Der hatte großes Interesse daran, den ungewöhnlichen Auftritt der Person mit dem Mobbing-Schild publik zu machen. Damit konnte er die Auflage der Zeitung erhöhen und die Anzahl seiner Zuschauer steigern, denn die Reality-TV-Sender bekamen alle einen gleich hohen Sockelbetrag. Nur, wenn sie bestimmte Zuschauerzahlen überschritten, erhielten sie höhere Förderbeträge.

Etliche große Unternehmen protestierten sofort gegen das Gewinnspiel. Sie verwiesen dabei auf die Verpflichtung der Sender, die Aufnahme-Orte nicht preiszugeben. Der Einblick veröffentlichte Teile der Protestschreiben und schlug dem Schatten vor, das Mobbing-Unternehmen selbst zu nennen, wenn es soweit war.

Der Schatten zeigte in der folgenden Zeit Schilder, auf denen zu lesen war*: kein Tritt frei, geschenkt, manchmal nachts*, dann erschien ein Schild, auf dem ein Zelt zu sehen war, neben dem stand *heute hier, morgen da*. Auf weiteren Schildern stand: *1. Konflikt behaupten, 2. Neutrale Gesprächsführung vorschlagen, 3. Wer sich verteidigt, klagt sich an = Beweis für 1., mündlich sticheln, beleidigen, demütigen, schriftlich wie besprochen, was nie besprochen war.*

Der Einblick erhielt täglich Berge von Lösungsvorschlägen und war damit beschäftigt, die Unternehmen auszusortieren, in denen der Sender Weiße Maus keine Kameras installiert hatte. Die übrigen Vorschläge wurden archiviert.

Immer mehr Unternehmen beschäftigten sich offen mit dem Wettbewerb und gaben Pressekonferenzen zum Thema. Es musste schließlich ein weiterer TV-Sender ins Leben gerufen werden, der ausschließlich diese Pressekonferenzen übertrug. Die Unternehmen stimmten die Termine mit diesem Sender ab.

Außerdem gaben manche Firmen Pressemitteilungen heraus. Da die kleineren Unternehmen überregional eher unbekannt waren, wurden lokale Zeitungen erforderlich, um die zahlreichen Pressemitteilungen dort zu veröffentlichen, wo die Unternehmen ansässig waren. So entstanden wieder lokale Zeitungen, die neben den Pressemitteilungen auch über Politik berichteten, Kommentare und Leserbriefe abdruckten, auch Leserbriefe zum Ratespiel.

In einigen Betrieben fanden sich Nachahmer, die mit Schildern berichteten, was dort geschah. Gerade die großen Unternehmen versuchten, die Schatten-Nachahmer zu verteufeln und erklärten, dass sie bei ihnen auf keinen Fall beschäftigt sein könnten.

Einen Monat später lag Ewald fiebernd im Bett. Irgendwie hatte er sich eine ganz böse Erkältung zugezogen. Um sich ein wenig abzulenken, hatte er das Fernsehgerät im Schlafzimmer angeschaltet.

Die weiße Maus zeigte einen kleinen Besprechungsraum, in dem vier Personen um einen runden Tisch herum saßen, ein Mann und drei Frauen. Er schloss die Augen.

»... müssen Sie dafür sorgen, dass die erforderlichen Informationen fließen«, schnarrte eine weibliche Stimme, die ihm bekannt vorkam. Er richtete sich unwillkürlich im Bett auf und sah zum Bildschirm.

»Ich war noch nie so gut informiert wie bei Frau Fechtner«, entgegnete eine dieser Frauen laut. Da wurde ja der Name gesendet, durchzuckte es ihn verwundert. Normalerweise bewirkte die Anrede Herr oder Frau, dass der folgende Name nicht gesendet wurde.

»Dass ich Halbtagskräfte, die vormittags arbeiten, nachmittags zu Hause oder auf ihrem Handy anrufe, um sie von den neuesten Entwicklungen zu unterrichten, kann ja wohl nicht sein«, fuhr diese Frau Fechtner fort. »Und ich wundere mich, Frau Borghans, dass ich hier wie ein Bittsteller behandelt werde, nachdem ich einen Vorschlag vorgelegt habe!«

»Ich habe keinen Vorschlag bekommen«, rief Frau Borghans. »Überhaupt, drücken Sie sich immer so unverständlich aus, Frau Fechtner«, fuhr sie fort.

»Da sind Sie aber die Erste, die diese Auffassung vertritt«, erwiderte die so Angesprochene.

»Das beweise ich Ihnen«, entgegnete Frau Borghans. »Sie hatten geschrieben, äh … Moment, jetzt lese ich vor.«

Mit diesen Worten nahm sie Papiere vom Tisch hoch.

»Machen Sie doch das Licht an, Frau Gelhard«, herrschte sie die Frau neben sich an, die daraufhin zum Lichtschalter an der Wand eilte.

»Also, hier steht, ich bitte um« … .

»Nein«, rief Frau Fechtner. »Da steht, ich biete an!«

Frau Borghans sah das Papier entgeistert an. Erst in diesem Augenblick merkte Ewald, dass die Gesichter deutlich erkennbar waren. Dann warf die Frau das Blatt auf den Tisch und rief: »Ich verbiete Ihnen, mir jemals wieder etwas Schriftliches einzureichen. Die Besprechung ist beendet. Sie können gehen!«

Ewald sank zurück in die Kissen. Er fühlte sich ganz benommen. Frau Borghans war auch seine Chefin. Sie hatte ihm einen Brief nach Hause geschickt. Sobald er wieder im Dienst erschiene, sollte er sich sofort beim Betriebsarzt melden. Zur Begründung gab sie an, sie habe bei ihm angerufen, aber er sei nicht ans Telefon gegangen, er sei wohl nicht zu Hause gewesen.

Am nächsten Tag titelte der Einblick *Entlarvt durch technische Panne?* und berichtete seinen Lesern, dass sie sich im Stadt-Museum einer Kleinstadt ereignet hatte. Da die Personen für jedermann sichtbar geworden waren, verstieß diese Veröffentlichung nicht gegen geltendes Recht.

Der Schatten hielt am darauf folgenden Tag ein Schild mit der Anschrift des Museums in die Kamera. Es war eine Stiftung (geschenkt), verlangte Eintrittsgelder (kein Tritt frei) und war in der Nacht der Museen geöffnet. Zur Präsentationsform gehörten auch Wanderausstellungen (heute hier, morgen dort). Ziel der Stiftung war die Kommunikation – das Hinführen zu Toleranz und Rücksichtnahme.

Einen Tag später schleppte sich Ewald, vollgepumpt mit Medikamenten, zum Betriebsarzt. Er kam an einem Zeitungskiosk vorbei und sah die neueste Ausgabe des Einblicks.

Noch eine Mio im Jackpot lautete die Überschrift. Keiner der Wettbewerbsteilnehmer hat den Tatort geraten. Wir starten ein neues Ratespiel.

Eine Stiftung für Mobbing-Opfer wurde nicht erwähnt.

Einmal Friseur und zurück

Kommissar Fischer saß niedergeschlagen an seinem Schreibtisch und starrte durchs Fenster in einen grauen Novemberhimmel. Fünfzehn Wohnungseinbrüche innerhalb von drei Wochen und nicht die entfernteste Spur zu einem Täter. Oder?

Zum wiederholten Mal nahm er die erste Akte, um darin zu lesen, was er schon x-mal gelesen hatte, dann die zweite, die dritte und dann sah er auf, hatte kreisrunde Augen, nahm der Reihe nach die andern Fälle, schaute in die Akten, schließlich pfiff er durch die Zähne, sprang auf und lief ins Nachbarbüro und rief: »Pfeiffer, Kluge – ich hab' was gefunden! Kommt mal rüber!«

Pfeiffer, ein mittelgroßer, blonder junger Mann in Jeans und dunkelblauem Pullover erschien als Erster und setzte sich auf einen der beiden Besucherstühle in Fischers Büro. Dann kam auch Kluge, ein untersetzter, dunkelhaariger Mann, der den Zigarettenrauch, der aus seinem Mund kam, mit wedelnden Handbewegungen wegzutreiben versuchte.

»Rauchen schadet Ihrer Gesundheit«, sagte Fischer, bevor er fortfuhr: »So, Leute, wisst ihr, was mir aufgefallen ist – alle Opfer sind ältere Damen …«

»Das ist doch nichts Besonderes«, fiel ihm Kluge ins Wort.

»Stimmt, du musst mich nur zu Ende reden lassen. Also: Alle Opfer sind ältere Frauen, die während des Einbruchs beim Friseur waren.«

Fischer legte eine Kunstpause ein, bevor er fortfuhr: »Bei ein und demselben Friseur.«

»Hoho«, machten Pfeiffer und Kluge gleichzeitig. »Könnte bedeuten, dass der Friseur oder ein Angestellter beziehungsweise eine Angestellte mit den Einbrüchen zu tun hat«, sagte Kluge und Pfeiffer ergänzte: »Und mit einem Komplizen in Verbindung steht, telefonisch vom Friseursalon aus oder über ein privates Handy.«

»Wie gehen wir jetzt am geschicktesten vor?«, fragte Fischer – mehr sich selbst, denn er fuhr gleich fort: »Zuerst geht ihr nacheinander zum Friseur. Auf Staatskosten, versteht sich. Ihr habt es dringend nötig. Ihr braucht nicht nur einen Haarschnitt, sondern auch eine Volumenwelle und mit solch farblosem Haar wirkt ihr wenig elegant. Mit andern Worten: waschen, schneiden, Dauerwelle, tönen und trocknen. Damit haltet ihr euch so einige Zeit in dem Salon auf und könnt reichlich Beobachtungen machen …«

»Das geht aber zu weit!«, protestierte Pfeiffer.

Noch bevor Kluge ebenfalls seiner Verärgerung Luft machen konnte, winkte Fischer mit einer Handbewegung ab, stand auf und sagte mit ernstem Gesicht: »Eine kostenlose Frisur während der Dienstzeit zu bekommen, kann doch wohl so etwas Schlimmes nicht sein. Und jetzt raus hier und keine weiteren Widerworte. Wir müssen doch diese Fälle lösen!«

Die beiden verzogen sich murrend. Um 15.00 Uhr schaute Pfeiffer ins Büro des Kommissars und sagte grinsend: »Ich melde mich ab zum Friseur. Heute werde ich wahrscheinlich nicht zum Dienst zurückkehren. Mein Kopf muss ziemlich umfassend bearbeitet werden, schneiden, Dauerwelle, tönen …«

»Nun hau' schon ab«, rief Fischer und beide zwinkerten sich zu.

Am nächsten Tag erschien Pfeiffer mit leicht aufgehellten Haaren, die etwas fülliger frisiert waren als sonst. Kluge gefiel die neue Frisur seines Kollegen so gut, dass er gleich zum Friseur gehen wollte, aber Fischer hielt ihn zurück.

»Lass' uns erst einmal hören, was Pfeiffer herausgefunden hat«, sagte er und Pfeiffer begann zu erzählen.

Der Inhaber des Salons war in Urlaub und wurde erst in zwei Wochen zurück erwartet. Die Friseurin, die stellvertretend das Geschäft leitete, eine weitere Friseurin und ein Auszubildender waren während Pfeiffers Anwesenheit weder am Geschäftstelefon noch hatte einer von ihnen den Salon vorübergehend verlassen. Während der ganzen Zeit war auch niemand von ihnen zur Toilette gegangen.

Kurz nach Pfeiffer war eine ältere Dame gekommen, die dem Typus der Einbruchsgeschädigten entsprach.

Als Pfeiffer den Salon verließ, war auch sie fertig frisiert und stand zum Bezahlen an der Kasse.

Pfeiffer war sofort nach Hause gegangen.

»Dann kann ich ja jetzt auch zum Friseur gehen«, sagte Kluge, als die Tür aufsprang. Herein kam ein uniformierter Polizist und rief: »Schon wieder ein Einbruch bei einer älteren Dame!«

Mit diesen Worten legte er dem Kommissar eine Meldung auf den Schreibtisch.

Fischer starrte auf das Blatt. Dann sagte er: »Pfeiffer, du suchst die Dame auf. Dahlienweg 10. Das ist gleich um die Ecke. Hoffentlich ist das nicht ausgerechnet die alte Dame, die gestern zur selben Zeit wie du im Friseursalon war. Der Einbruch hat nämlich in dieser Zeit stattgefunden.«

»O.k.«, sagte Pfeiffer, nahm seine Jacke vom Garderobenständer, warf sie sich über die Schultern, riss die Tür auf, und weg war er.

»Kann ich denn jetzt zum Friseur gehen?«, fragte Kluge.

»Nein«, erwiderte Fischer. »Jetzt warten wir erst einmal ab, mit welchen Ergebnissen Pfeiffer zurückkommt. So lange kann das ja nicht dauern.«

Fischer nippte an seiner Tasse mit kaltem Kaffee, Kluge malte Männchen auf einen Block. Da ging die Tür auf. Pfeiffer trat ein.

»Und?«, rief Fischer.

»Äh, es ist tatsächlich die alte Dame, die gestern zur selben Zeit wie ich beim Friseur war .... Und jetzt kommt's: Sie hat sich von einem Taxi fahren lassen und der Fahrer hat vor dem Salon gewartet, bis sie fertig war und sie dann nach Hause gefahren.

Wir müssten jetzt ermitteln, ob die anderen Frauen auch mit dem Taxi zum Friseur gefahren sind. Dieser Fahrer hat nämlich in der ganzen Gegend Werbezettel verteilt. Für Fahrten zum und vom Friseur nimmt er nur so viel wie die öffentlichen Verkehrsmittel kosten. Bei dem niedrigen Preis lassen sich die Damen gerne mal kutschieren.«

»Dann sucht ihr jetzt die anderen Opfer auf. Kluge, der Friseur-termin muss verschoben werden. Tut mir leid. Wir sehen uns um 14.00 Uhr in meinem Büro wieder.«

Mit diesen Worten verließ Fischer den Raum und Pfeiffer und Kluge begannen, sich die Namen und Adressen der Einbruchsgeschädigten aufzuschreiben.

Wie alle erwartet oder gehofft hatten, ergaben die Ermittlungen, dass sämtliche Frauen mit demselben Taxi zum Friseur und nach Hause zurück gefahren waren. Das bedeutete, dass der Taxifahrer und ein Komplize die Täter waren. Dass alle Damen denselben Friseur aufgesucht hatten, war reiner Zufall.

Fischer und sein Team stellten dem Taxifahrer eine Falle, in die der tappte, sodass er und sein Komplize überführt werden konnten. Der Kommissar fühlte sich endlich wieder gut, trotz des grauen Wetters. Pfeiffer war zufrieden mit sich und seiner neuen Frisur. Nur Kluge war übellaunig, denn er hätte auch gerne eine kostenlose neue Frisur gehabt.

Chemisch rein

»Hallo Martin, geh' mal ans Telefon! Es gibt einen Toten in der Weinstraße eins.«

Aufgeschreckt von seinem lauten Anrufbeantworter, stellte Kommissar Martin Fischer seine Kaffeetasse auf den Küchentisch, bevor er den ersten Schluck Kaffee getrunken hatte und nahm den Hörer ab.

Ein Mann war tot in seinem Haus aufgefunden worden. Der Postzusteller hatte ihn entdeckt. Er hatte durch die offen stehende Haustür geschaut und ihn so im Flur liegen sehen.

Weit war es nicht bis zum Fundort der Leiche. Fischer genoss die Fahrt dorthin in seinem neuen Auto. Mittlerweile hatte er sich so weit mit dem Cockpit vertraut gemacht, dass er sich sicher fühlte. Allein die zahlreichen Möglichkeiten, die Intervalle des Scheibenwischers zu verstellen, waren geradezu ein Quantensprung im Vergleich zu seinem früheren Auto. Er parkte vor dem Hauseingang, stieg aus dem Wagen aus und atmete tief durch. Frühjahr, zwanzig Grad, Sonne, die Bäume und Sträucher standen in zartem Hellgrün da. Diese Zeit war für Fischer die schönste des Jahres. Er ging auf das Haus zu, als sich die Tür öffnete. Gleißend helles Licht blendete ihn. Zwei Männer trugen einen Sarg heraus.

Im Hausflur stand Dr. Schneider, der Gerichtsmediziner, zuckte bedauernd mit den Schultern, als er Fischer sah und rief ihm zu: »Er ist erstochen worden. Mehr kann ich im Augenblick nicht sagen.«

Fischer nickte und hielt eine Hand über die Augen, um sich vor dem grellen Licht zu schützen, als er das Haus betrat. Die Kollegen von der Spurensicherung hatten im Hausflur zwei Scheinwerfer aufgestellt.

»Selbst mit der Deckenbeleuchtung war es hier zu dunkel«, sagte Dr. Schneider erklärend, als Fischer eintrat. »Die Bäume nehmen jetzt schon viel Licht weg. Bei vollem Laub, im Sommer müsste es noch düsterer sein.«

Fischer schauderte. Das war ein unfreundliches Haus. Eine in den Keller führende, offen stehende Tür zog ihn an. Er stieg hinunter. Unten fand er ein Labor, um die vierzig Quadratmeter groß. In der Mitte befanden sich die Versuchsanordnungen. Daran schloss sich ein großer Schreibtisch an, vor dem ein bequem aussehender Ledersessel stand. Fischer nahm darauf Platz.

Sein Blick fiel auf ein aufgeschlagenes Ringbuch, dessen Blätter mit von oben nach unten verlaufenden Linien in Rubriken eingeteilt waren: Empfänger, Menge, Lieferdatum, bezahlt am.

»Was der wohl hergestellt hat?«, dachte Fischer. Bei der letzten Eintragung stand als Lieferdatum der Tag vor dem Mord. In der Spalte ‚bezahlt am' war nichts eingetragen. Der Empfänger hieß Meisewinkel. Fischer notierte.

Er untersuchte die Schreibtischfächer, fand aber keine aussagekräftigen Unterlagen. Fischer stand auf.

‚Bezahlt am' ging es ihm durch den Kopf. Warum standen da keine Beträge? Er ging zu den Regalen an den Wandseiten des Raums. Chemische Substanzen und fertige Flakons von etwa zwanzig Zentimetern Höhe waren hier ordentlich einsortiert. Parfum? Fischer öffnete einen Flakon und schnupperte. Nichts. Kein Duft wahrzunehmen. Er wunderte sich, schloss die Flasche und stellte sie wieder ins Regal.

Dann stieg er die Treppe nach oben hoch. Fischer durchstöberte die anderen Räume des Hauses. Sie waren sämtlich teuer aber unpersönlich eingerichtet, so als wenn aus einem Katalog vom Feinsten bestellt worden wäre, perfekt, aber steril. Er kam sich vor wie in einem Museum. So lagen in der Küche auf dem Fensterbrett ein Messer, eine Gabel und ein Löffel, alle aus Silber, in Reih und Glied dekorativ nebeneinander. Nichts stand in der Küche herum, nicht einmal ein benutztes Trinkglas und auch die Spülmaschine war leer, so als hätte hier nie jemand gelebt.

Nun machte er sich auf die Suche nach einem Safe. Den fand er auch schließlich. Versteckt hinter einem Bild im Wohnzimmer. Er ging zurück in den Hausflur: »Edgar«, sagte er zum Leiter der Spurensicherung, der gerade auf dem Boden vor einer Kommode kniete, »ich habe einen Safe entdeckt, der geöffnet werden muss.«

»Geht klar«, richtete sich der so Angesprochene auf und sagte: »Wir haben übrigens Gehaltsabrechnungen vom Griff-Konzern gefunden. Die liegen da drüben auf dem Tisch.«

Dann rief er: »Wilhelm, du musst einen Safe für Martin aufmachen.«

Gleich darauf kam ein untersetzter Mann und sagte fröhlich: »Morgen Martin, dann zeig' mir das Ding mal.«

Im Wohnzimmer nahm Fischer nun das Bild von der Wand und sagte: »Das ist er.«

»Ach, das dauert nur ein paar Minuten«, rief Wilhelm erfreut. »Solche Modelle sind für einen Profi kein Hindernis.«

Er machte sich an dem Safe zu schaffen und Fischer sah dabei interessiert zu. Es dauerte gerade einmal zwei Minuten und schon sprang die Tür auf. Fein geordnet lagen dort zwei Bündel Geldscheine, Fünfziger und Hunderter und ein zugeklebter brauner Umschlag, in dem sich offenbar Papiere befanden. Fischer verstaute alles in einem mitgebrachten Plastikbeutel. Dann fuhr er zum Kommissariat, wo er seine Mitarbeiter Werner Pfeiffer und Dieter Kluge über den Fall unterrichtete.

»Eine Tatwaffe wurde nicht gefunden. Es gibt keine Nachbarn. Wegen der einsamen Lage des Hauses ist mit einem Spaziergänger, der zufällig etwas bemerkt haben könnte, nicht zu rechnen«, endete sein Bericht.

»Werner, erkundige du dich an seinem Arbeitsplatz über den Toten und du, Dieter, klapperst die Geschäfte ab, in der Gegend, in der er wohnte. Er wird da in den Läden eingekauft haben, sodass die eine oder andere Information herausspringen könnte«, entschied Fischer dann.

»In Ordnung. Dann wollen wir mal«, rief Kluge und verließ mit Pfeiffer den Raum.

»Wann meldet sich bloß endlich die Bohnenstange?« fragte sich Fischer und nippte dabei lustlos an seiner Tasse. Die Bohnenstange, damit war Dr. Schneider, der Gerichtsmediziner, gemeint, weil er so lang und dünn war. Er arbeitete akribisch genau, ließ keine denkbare Möglichkeit aus und deshalb dauerten seine Untersuchungen auch immer länger als es den Polizeibeamten lieb war.

Erst gegen Mittag rief er an und teilte mit, dass die Autopsie absolut kein verwertbares Ergebnis gebracht hatte außer dem vermutlichen Todeszeitpunkt, der so um Mitternacht herum lag. Fischer zog die Mundwinkel nach unten.

»Na dann«, sagte er resigniert.

Die Recherchen von Pfeiffer und Kluge hatten auch nichts Wesentliches zum Vorschein gebracht, außer dem Bankkonto, auf das das Gehalt des Toten überwiesen wurde. Kontoauszüge waren nämlich nicht gefunden worden. Der Tote war einer von vielen Chemikern des Griff-Konzerns gewesen. Dort war er als umgänglich und zuverlässig bekannt. Private Kontakte zu Kollegen hatten nicht bestanden. Er war ein Einzelgänger gewesen.

In den Geschäften in der Umgebung seines Wohnhauses kannte man ihn als freundlich, höflich, unauffällig. In Begleitung war er nie gesehen worden. Gaststätten hatte er nicht aufgesucht.

Die Geldpäckchen aus dem Safe beliefen sich auf eine Summe von 15.000 Euro. In dem Umschlag befanden sich Papiere über Geldanlagen in Höhe von knapp 200.000 Euro.

Fischer rief die Bank an, die das Girokonto des toten Chemikers führte und kündigte seinen Mitarbeiter Pfeiffer an. Kluge beauftragte er, die Adressen der Personen aus dem Ringbuch festzustellen.

Nach der Mittagspause traf er Pfeiffer und Kluge im Büro. Pfeiffer hatte bei der Bank festgestellt, dass der Tote regelmäßig Beträge zwischen 1000 und 2000 Euro bar eingezahlt und nach kurzer Zeit auf Anlagekonten transferiert hatte.

Kluge berichtete, dass sämtliche Namen im Ringbuch Ladenbesitzern im gesamten Stadtgebiet zuzuordnen waren, darunter Metzger, Bäcker, Floristen, Inhaber von Mode- und Dekorationsgeschäften und ein Bandagist.

»Wo wir da ansetzen sollen, weiß ich beim besten Willen nicht«, beendete Kluge seinen Vortrag.

»Na, bei den Metzgern«, meinte Pfeiffer spontan. »Die haben doch berufsmäßig passende Messer.«

»Stimmt«, erwiderte Fischer. »Wie viele Metzger haben wir denn?«

»Ich sehe mal eben in die Liste«, sagte Kluge und blättere drei Seiten durch. »Zwei«, sagte er dann.

»Und welche?« fragte Fischer.

»Schreiber in der Feldstraße 20.«

»Ach der«, sagte Fischer. »Der ist ja wegen seines Partyservice stadtbekannt.«

»Ja, auch wegen seiner hohen Preise«, warf Pfeiffer ein.

»Und der andere heißt Meisewinkel und hat seinen Laden in der Balduin-Passage, Delikatessen Meisewinkel«, meldete sich Kluge wieder zu Wort.

»Meisewinkel«, sagte Fischer, »der steht unten in dem Ringbuch. Danach hat er die letzte Lieferung des Chemikers am Tag vor dem Mord erhalten. Eine Eintragung in dem Ringbuch, dass er bezahlt hat, fehlt. Den nehmen wir uns als Ersten vor.«

Bei der Vernehmung gab Meisewinkel an, Desinfektions-Substanzen für seinen Laden von dem Chemiker erhalten, bezahlt und sie lange vor der festgestellten Todeszeit des Chemikers abgeholt zu haben, und für die Mordzeit konnte er ein Alibi vorweisen.

So oder so ähnlich lauteten die Ergebnisse der weiteren Vernehmungen anderer Ladenbesitzer. Sie alle gaben an, von dem Toten Substanzen zur Desinfektion ihrer Läden bezogen zu haben. Zu den auffallend hohen Preisen sagten sie übereinstimmend, die Chemikalien seien äußerst sparsam zu verwenden, sie seien sehr effizient und unterm Strich preiswerter als die auf dem Markt erhältlichen. Es gab keine Verdachtsmomente, keine Anhaltspunkte, kein Motiv.

Werner Pfeiffer bearbeitete inzwischen eine Brandstiftung mit einem Toten. Martin Fischer und Dieter Kluge saßen im Kommissariat und langweilten sich. Während Kluge auf seiner Schreibtischunterlage malte, steckte sich Fischer eine Zigarette an, starrte aus dem Fenster, faltete die Hände hinter dem Kopf, fixierte die Decke. Ihm kam seine Ausbildungszeit in Erinnerung. Wann, wie und warum? Das waren die Kernfragen, die ein Polizist beantworten musste. Und: Die Tätigkeit erfordert systematisches Arbeiten und Ausdauer.

Plötzlich setzte er sich aufrecht an seinen Schreibtisch. Dann sagte er: »Wir müssen etwas tun. Sonst klären wir den Fall nie. Der Meisewinkel hat zwar ein Alibi, aber egal. Den beschatten wir ab sofort.«

»Das übernehme ich«, fiel Kluge ein, der froh war, endlich wieder etwas zu tun zu haben. »An den hänge ich mich sofort ran«, sagte er und hatte seine Jacke schon an, bevor Fischer überhaupt zustimmen konnte und raus war er.

Die Beschattung von Meisewinkel stellte sich als nicht prickelnd heraus. Der Mann verließ sein Haus selten. Einkäufe wurden von seinem Mitarbeiter getätigt. So vergingen zwei Wochen. Dann ging Meisewinkel zum Friseur, Salon Gerhard, in einer ruhigen Seitenstraße unweit des Kommissariats. Kluge postierte sich in der Nähe des Ladens.

Plötzlich rannte ein Mann mit weißen Turnschuhen die Straße entlang, gefolgt von zwei Männern in Trenchcoats. Der Mann stürzte in den Friseur-Salon. Die beiden Männer stürmen ebenfalls hinein. Kluge rannte spontan über die Straße und stand Sekunden später in dem Laden.

»Das ist ein ganz gemeiner Dieb«, hörte er einen der Männer sagen: »Der ist da hinten in Ihrem Salon verschwunden. Tun Sie doch was!«

Kluge zückte seinen Dienstausweis, hielt ihn hoch und rief: »Ich sehe hinten nach!«

Wachsam näherte er sich einer Vorhang-Tür, hob eine Falte seitlich an und schaute vorsichtig nach hinten. Er sah ein großes Fenster, und das stand weit offen. Kluge betrat nun den Hinterraum und lehnte sich aus dem Fenster. Von dem Dieb war nichts mehr zu sehen. Er drehte sich um, stieß dabei mit seinem Fuß an ein Hindernis. Es polterte. Er bückte sich und stellte den Flakon wieder hin, den er umgetreten hatte.

»Der Mann ist leider entkommen«, sagte er, als er wieder im Salon war. »Wollen Sie eine Anzeige erstatten?«

»Ja«, sagten die beiden Männer und Kluge schlug vor, ihn ins Polizeipräsidium zu begleiten. Ob Meisewinkel ihn erkannt hatte, wusste er nicht. Er hatte auf jeden Fall so getan, als hätte er ihn nicht wahrgenommen.

Zurück im Büro, erzählte Kluge Fischer, was vorgefallen war. Fischer nickte gelangweilt, bis er auf einmal aufsprang: »Einen Flakon hast du im Hinterzimmer umgeworfen? Sah er so aus wie die Flakons des toten Chemikers?«

»Ich glaube ja«, antwortete Kluge unsicher. »Wieso?«

»Wieso? Weil ein Friseurladen nicht zu den Kunden des Chemikers zählte!« rief Fischer.

Kluge schnippte mit den Fingern, sprang auf und sagte: »Ich bin bei dem Friseur. Mir muss meine Uhr hinten im Laden heruntergefallen sein.«

Und weg war er.

»Entschuldigung, Herr Gerhard,« sagte Kluge beim Betreten des Friseur-Salons. »Mir ist da wohl vorhin meine Armbanduhr in Ihrem Hinterzimmer heruntergefallen. Dürfte ich mal nachschauen?«

»Ja, aber selbstverständlich.«

Kluge ging nach hinten und nun entdeckte er, dass in einer Ecke neunzehn solcher Flakons standen, wie sie der tote Chemiker verkauft hatte.

»Herr Gerhard, könnten Sie wohl mal nach hinten kommen?« rief er und schon stand der Friseur neben ihm.

»Sagen Sie mal, was sind das für Flakons und woher haben Sie die?«

Der Mann wurde erst rot, dann weiß im Gesicht. »Ach, äh«, stotterte er. »Die sehe ich zum ersten Mal«, sagte er schließlich.

Daraufhin rief Kluge die Kollegen von der Spurensicherung an und forderte den Friseur auf, mit zum Präsidium zu kommen.

Im Verhörraum sagte Fischer: »Herr Gerhard, bitte erklären Sie, wie Sie an die neunzehn Flakons gekommen sind.«

»Ja«, stimmte Kluge zu. »Ein Geständnis wirkt sich strafmildernd aus. Bedenken Sie das.«

Der Friseur blieb stumm, sah von Einem zum Anderen. Dann räusperte er sich. Für Kluge war das das Signal, das Tonband anzuschalten. Irritiert sah Gerhard hoch. Dann schlug er beide Hände vors Gesicht und begann zu schluchzen: »Ich wollte ihn nicht umbringen. Bitte, glauben Sie mir.«

»Erzählen Sie der Reihe nach«, ermunterte ihn Fischer.

»Ich hatte mich stark verschuldet, um meinen Salon eröffnen zu können. Dann lief der Laden nicht so an, wie ich es gehofft hatte. Deshalb habe ich den Chemiker aufgesucht, aber auf Kredit wollte er mir nichts verkaufen.«

Fischer und Kluge runzelten die Stirn und sahen sich fragend an, ließen den Mann aber weiter reden.

»Zwei Monate später stand ich kurz vor der Insolvenz. Da bin ich noch einmal zu ihm gegangen, aber er hat mich nur verhöhnt und als er schließlich sagte, ich könnte ihm ja den Laden verkaufen, dann hätte ich Geld, um ihn zu bezahlen und sich dabei schier krank-lachte, habe ich rot gesehen!«

Er hielt einen Moment inne, dann fuhr er fort: »Ich stand im Hausflur und sah auf der Kellertreppe ein Messer liegen. Mit einem Sprung war ich dort, nahm es, und als ich zustach, lachte der Mann immer noch. Für ihn war ich bis zuletzt einfach nur eine lächerliche Figur.«

Mit diesen Worten sackte Gerhard in sich zusammen und Kluge eilte nach draußen, um ihm eine Tasse Kaffee zu holen, die der Friseur gierig hoch nahm und in hastigen, kleinen Schlucken trank.

Als er sich wieder erholt hatte, fragte Fischer: »Weshalb in aller Welt mussten Sie unbedingt Desinfektionsmittel von diesem Chemiker haben?«

»Desinfektionsmittel? Wie kommen Sie denn darauf? Das sind Umsatz steigernde Substanzen, mit denen die Verkaufsbereiche beduftet werden. So wird die Kundschaft nicht nur kauffreudiger. Sie akzeptiert sogar überhöhte Preise. Damit wäre auch mein Salon besser gelaufen!«

Zu guter Letzt

Wieder und wieder sah er die Quittung an und lächelte. Nun ärgerte er sich nicht mehr über die hohen Weinpreise. Sie hatten vergessen, den Wein zu berechnen.

Ich bin besser ausgebildet, dachte die Mathematikerin. Aber warum fand sie jetzt nicht die Lösung? Alle anderen hatten sich aus der Gletscherspalte befreit.